# 십자가 위 일곱 말씀

# 십자가 위 일곱 말씀

세자르 프랑크의 오라토리오와 동행

유일태 목사 · 김효준 교수

도서
출판 동연재

묵상

# 십자가 위 일곱 말씀

세자르 프랑크의 오라토리오와 동행

ⓒ 동연재 2022

2022년 11월 11일  초판 1쇄

**지은이** 유일태 김효준
**펴낸이** 이정은
**편집위** 김동환 김하연
**펴낸곳** 동연재
**디자인** 디자인주홍

**등록** 제2020-000084호
**주소** 서울특별시 양천구 목동서로 397, B-209
**전화** 02-2062-7607
**e-mail** dongyj20@naver.com

**ISBN** 979-11-973819-1-1  03230

＊ 책값은 뒤표지에 있습니다.

# 머리글

우리 모두 그리스도인으로서 처음 살아보는 삶의 여정에 있습니다. 하나님의 뜻을 구하며, 서투른 생각과 몸짓으로 감당해 가는 하루하루의 일상에서, 예수님이 보이신 케노시스(자기비움) kenosis의 모범을 따르고자 기도하며 나아가지만, 늘 부족하고 버겁습니다.

분열과 극단의 대립, 그 의도적 조장과 맹목적 추종, 광포한 프로파간다propaganda로 혼란한 터전에서, 그리스도인의 정체성을 고민하며 하나님의 뜻을 따르고자 하는 우리에게, 마르틴 부버의 고백은 따뜻한 격려가 됩니다.

참된 승리는 알아볼 수 없는 방식으로 느리게 찾아오지만, 그 영향력은 그야말로 광범위하다. 하나님이 역사의 주인이라는 우리의 믿음이 때로는 공개적으로 웃음거리가 될지도 모른다. 그러나 역사 속에는 우리의 믿음을 확증해 주는 비밀스러운 무언가가 분명히 있다.[25]

이처럼 다행스러운 것은, 예수님이 오셔서 대속의 십자가 죽음 후 부활하신 지 2000년이 지나는 동안, 많은 믿음의 선조들이 우리네처럼 연약함 속에서도 강건하게 살아간 기록들을 남긴 것입니다.

이 책은 예수님을 우회하는 지름길은 존재하지 않는다는 믿음의 고백을 함께 묵상하는 과정입니다. 여린 발바닥으로 거친 세상을 한 걸음 한 걸음 감당해가며, 믿음의 굳은살이 돋아나게 할 힘과 용기를 나눌 수 있기를 소망합니다.

예수님이 십자가에서 하신 말씀을 본문을 통하여 개별적으로 세밀히 살펴보고, 신앙적 열정으로 쓰인 세자르 프랑크의 오라토리오-'십자가 위 일곱 말씀Les Sept Paroles du Christ sur la Croix'을, 라틴어 원문과 성경 말씀을 중심으로 새롭게 번역한 내용과 함께 대응되는 악장을 중심으로 하나씩 감상하며, 말씀의 의미를 묵상합니다.

글로리아 솔리 데오 (Gloria Soli Deo)
- 오직 하나님께 영광

# 목차

# PROLOGUE

**00**

# 침묵하시다

하나님이 아브라함을 부르시고, 지정된 땅을 향해 떠나라 명하시며, 하늘의 별과 같고 바닷가의 모래와 같이<sup>창세기 22:17</sup> 많은 후손을 약속하십니다. 그렇게 선택된 민족이라는 자부심은 많은 고난 속에서도 그들을 지키는 믿음의 근간이었습니다. 그런데 그들은 하나님에게서 점차 멀어져 갑니다. 그 정도에서 그치는 것이 아니라, 이방의 잡다한 신들을 섬기는 일까지 서슴지 않습니다. 하나님은 선지자들을 통하여 말씀을 전하지만, 순종은 커녕 철저히 자신들만의 길로 고집하며 나아갑니다.

다윗의 아들 솔로몬은, 하나님의 넘치는 축복에도 불구하고 타락합니다. 이에 대한 징벌로, 2개 지파로 구성된 유다만 후손에게 허락됩니다. 남쪽의 유다와 북쪽의 이스라엘로 분열되었던 모습은, 북이스라엘의 멸망으로 정리됩니다.

BC 931년부터 BC 722년까지 약 200여 년 존속했던 북이스라엘은, 아모스, 호세아 선지자를 통한 하나님의 경고를 무시하고, 왕이 직접 나서서 우상을 섬기는 등 하나님의 뜻에서 돌이킬 수 없이 멀어져만 갔습니다. 결국, 앗수르에 BC 732년 정복됩니다. 정복자인 앗수르는 타 인종 혼혈정책을 시행하였고, 북이스라엘은 더이상 아브라함의 후손이라는 고유성을 내세울 수 없을 만큼, 혼혈족인 사마리아인으로 전락하고 맙니다.

정통성을 내세웠던 남 유다도 BC 587년 바벨론에 정복당하게 됩니다. 당시 예루살렘은 초토화되고, 왕을 비롯한 많은 사람이 바벨론으로 끌려가 70년간 포로 생활을 하게 됩니다. 바벨론에서의 생활은, 마치 모세 시절, 40년간 광야에서 보낸 연단의 세월과 같았습니다. 이후 페르시아에 의한 바벨론의 멸망이 있었고, 유대인들은 고국으로 돌아올 수 있었으며, 파괴되었던 예루살렘 성전과 성벽을 보수하는 등 거듭나는 듯했지만,[15] 결국에는 하나님 뜻에 부합되지 않는 길로 가게 됩니다.

구약 성경의 마지막 말씀인 말라기에는, 다음과 같은 하나님과의 대화 내용이 기록되어 있습니다.

"내가 너희를 사랑하였노라" 말라기 1:2

하나님의 말씀에 그들은 날 선 말로 격앙되어 되묻습니다.

"주께서 어떻게 우리를 사랑하였나이까" 말라기 1:2

이에 그들의 지은 죄를 깨우치시고, 마지막 심판의 날을 준비하라 경고하신 후, 하나님은 더 이상 말씀하지 않으십니다. 무려 400년 동안 침묵을 지키십니다. 그리고 이제 그 질문에 대답하십니다.[32]

# 비천함을 입다

어느 날 한 아기가 태어납니다.

일반적인 가정집에서도 아니고 동물을 키우는 외양간에서, 사람들의 아무런 관심도 없는 상태로 출생합니다. 그때 아기가 포대에 싸여 누여진 곳은 동물의 먹이를 담는 구유였습니다. 이보다 더 비천할 수 없습니다.

그러나 사람들에게 철저히 외면당한 이 출생이 갑자기 주목받게 됩니다. 동방박사라 칭해진 사람 3명이 존귀한 분의 탄생을 깨닫고 문안을 드리러 옵니다. 그들은 귀함에 걸맞게 당연히 왕궁으로 찾아갑니다. 그렇게 포악한 헤롯왕이 탄생의 비밀을 알게 되고, 결국 지목된 그 일대의 어린아이 20~30명이 몰살당합니다.[37] 다행히 천사의 도움으로 아기는 미리 그곳을 피하여 화를 모면합니다.

이후 돌아와, 나사렛에 정착하여 성장합니다. 예수님이 "참으로 이스라엘 사람이라 그 속에 간사한 것이 없도다"요한복음 1:47 라고 칭찬하신 나다나엘조차도 "나사렛에서 무슨 선한 것이 날 수 있느냐"요한복음 1:46 며 빌립에게 반문하던 곳입니다. 이처럼 나사

렛은 왕이요 메시아이신 예수님과는 전혀 어울리지 않는 낮은
곳, 문화적, 경제적, 권력의 변방이었던 것입니다.[36]

　우리는 성경에 기록된 예수님을 처연하게 만나게 됩니다. 죽
음의 처절함만큼이나 탄생도 가슴 저립니다. 흥겨운 캐럴과 화
려하게 장식된 트리와 함께 맞이하는 크리스마스와는 전혀 어
울리지 않는 시작입니다. 이렇게 예수님은 특정된 유대 민족만
을 위해서가 아니라, 400년의 침묵을 깨고, 우리 모두를 위해서,
이 땅에 가장 낮은 자로 찾아오신 것입니다.

# 올곧은 여정

구약 성경에서 익숙하게 보는 것처럼 불꽃, 천둥, 회오리바람이 아니라 사람인 아기의 모습으로 이 땅에 오신 이유가 무엇일까요? 그것은 예수님이 심판하러 오신 것이 아니라 심판을 당하러 오셨기 때문입니다. 우리의 죗값을 치르고 인류와 그분 사이의 장벽을 허물어 우리와 함께하시러 오셨기 때문입니다.[37]

예수님이 출생의 과정 없이 공생애를 시작하실 때처럼, 장성한 어른의 모습으로 이 땅에 오셨다면 어땠을까요? 인간의 형상으로 오셨다 해도, 30살 이전의 생애는 공백 상태인데, 사람들은 어떻게 받아들였을까요? 비록 육신의 모습을 하셨지만, 예수님이 행하시는 많은 이적을 보며, 인간으로서의 존재감은 거의 없었을 것입니다. 즉, 인성은 무시되고 신성만이 받아들여졌겠지요.

예수님이 이 땅에 오신 궁극적 이유는 십자가 보혈을 통한 인류의 구원이라 할 때, 신적 존재만이 부각 된 예수님이 십자가에 매달리신다 한들, 그 당시 사람들이 어떻게 느꼈을까요? 예수님 말씀처럼, 천사 부대를 동원해 모두 쓸어버리실 수 있는 분인데 왜? 라고 묻지 않았을까요?

　예수님이 인간으로 태어나셔서 그 모든 성장 과정을 겪어내시고, 목수로서 생업의 현장에 계셨다는 사실을 우리가 깊이 생각해보는 이유입니다. 이러한 인간적 삶의 배경까지도 모두 감내하셨다는 사실, 그 사랑이 우리 마음을 움직이는 것입니다. 더 이상 낮아질 수 없는 탄생 환경에서 출발하여 질박한 성장 과정을 모두 거침은, 누구라도 포용할 수 있음을 의미할 것입니다.

　성경에는 예수님이 새끼 나귀를 타고 예루살렘에 마지막으로 입성하시는 모습을 자세히 표현하고 있습니다. 예수님이 공생애를 시작하신 이후 3년 동안, 많은 곳을 다니시며 말씀을 전하고 이적을 행하셨습니다. 그런데 말을 타거나, 마차를 탄 모습은 기술되어 있지 않습니다. 배를 타고 갈릴리 호수를 건너시는 모습을 제외하고는, 두 다리로 온전히 이곳에서 저곳으로 이동하셨습니다.

　걷는다는 행위는 주어진 여정을 있는 그대로 받아들이는 지극히 수동적인 것입니다. 길 표면의 굴곡과 요철을 발바닥으로 온전히 받아들이는 것입니다. 이처럼 가장 원초적이고 고식적인 이동 방식을 택하신 것처럼, 인간으로 이 땅에 오신 예수님의 삶 또한, 어떠한 회피나 우회 없이 십자가를 향해 올곧은 여정으로 나아가신 것입니다.

# 이 특별한 것 없는 사람

예수님이 병자들을 고치심을 보고 놀라, 많은 무리가 예수님을 따릅니다. 무려 오천 명이 넘는 사람을 물고기 두 마리와 떡 다섯 덩어리로 먹이실 정도로 그 수가 점점 불어납니다. 이후, 예수님이 가버나움으로 가시어 그곳 회당에서 생명의 떡에 대해 말씀하십니다. "예수께서 이르시되 나는 생명의 떡이니 내게 오는 자는 결코 주리지 아니할 터이요 나를 믿는 자는 영원히 목마르지 아니하리라"요한복음 6:35 이에 유대인들이 수군거립니다.

> 이르되 이는 요셉의 아들 예수가 아니냐 그 부모를 우리가 아는데 자기가 지금 어찌하여 하늘에서 내려왔다 하느냐요한복음 6:42
>
> 그러므로 유대인들이 서로 다투어 이르되 이 사람이 어찌 능히 자기 살을 우리에게 주어 먹게 하겠느냐요한복음 6:52

유진 피터슨은 "'이 사람'은 분명 '이 특별할 것 없는 사람'이라는 뜻이 내포된 말이다. 예수님을 따르던 많은 이들이 이 순간부터 그분에게서 등을 돌렸다. 그들은 그 기적들과 메시지를, 그들

눈에 보이는 이 아무 특별할 것 없는 사람의 평범함과 조화시킬 수 없었던 것이다."⁵⁸라고 분석합니다. 그리고 "그때부터 그의 제자 중에서 많은 사람이 떠나가고 다시 그와 함께 다니지"<sup>요한복음 6:66</sup> 않았습니다.

허다한 무리 개개인에게는 그 소요에 맞게, 구색을 갖추기 위해 스스로 만들어낸 신의 모습이 있었던 것입니다. 그러나 예수님은 그들이 만들어내는 거짓 신의 모습을 단호히 거부하십니다.

병자를 고치고 죽은 자를 살리는 수많은 기적을 행하는 권능자 뿐 아니라, 의식주와 같은 현실적 필요를 무상으로 제공하는 자, 더 나아가 막강한 군사력과 정치적 권력을 갖춰 이스라엘을 승리로 이끌 왕으로서의 기대를 철저히 저버리신 것입니다.

그리고 그 누구도 상상하지 못했던 십자가에서 비참하게 최후를 맞이하십니다.

# 십자가 위 일곱 말씀

예수님은 수많은 사람의 바람과 달리 무력하게 보이는 십자가에 매달리십니다. 아침 9시부터 오후 3시까지 예수님이 십자가에 매달려 죽음 직전까지 고통 중에 하신 말씀이 기록되어 있습니다. '십자가 위의 일곱 말씀'으로 불리는 이 기록은 4개의 복음서에 개별적으로 나타나며, 이를 정리하면 다음과 같습니다.

1. "아버지 저들을 사하여 주옵소서 자기들이 하는 것을 알지 못함이니이다"
   (누가복음 23:34)

2. "내가 진실로 네게 이르노니 오늘 네가 나와 함께 낙원에 있으리라"
   (누가복음 23:43)

3. "여자여 보소서 아들이니이다 … 보라 네 어머니라"
   (요한복음 19:26-27)

4. "나의 하나님, 나의 하나님, 어찌하여 나를 버리셨나이까"
   (엘리 엘리 라마 사박다니) (마태복음 27:46, 마가복음 15:34)

5. "내가 목마르다" (요한복음 19:28)

6. "다 이루었다" (요한복음 19:30)

7. "아버지 내 영혼을 아버지 손에 부탁하나이다" (누가복음 23:46)

이제, 각각의 말씀을 상세히 살펴보고, 우리에게 주시는 의미를 묵상하고자 합니다.

# 프랑크의 오라토리오

예수님이 십자가에서 죽음에 직면하며 남기신 '십자가 위의 말씀'에 작곡가들은 깊은 관심을 가지고 주옥같은 작품들을 남 겼습니다.

1645년 하인리히 쉬츠Heinrich Schutz 의 작품 SWV 478 이 최초 의 것으로 인용됩니다. 이후 2000년대에 들어서도 6곡의 작품 이 발표되는 등 최근까지 약 30여 작품이 발표되었으며, 가장 많 이 알려지고 사랑받는 작품은 1787년에 하이든 Franz Joseph Haydn 이 작곡한 것으로 현악 4중주 버전, 오케스트라 버전 그리고 오 라토리오 버전이 있습니다.

세자르 프랑크César Franck의 작품은 오라토리오 형식으로 작곡 되었으며 선율이 아름답고 전개가 드라마틱하여, 처음 들어도 작품에 깊게 심취하게 만듭니다. 오라토리오는 오케스트라 연 주와 독창, 합창이 어우러진 작품 형식으로, 오페라와 달리 연기 하는 무대가 없습니다. 주로 성경의 내용을 다루며, 등장인물과 스토리가 있어서 독창자들이 각 등장인물의 배역을 담당하고, 레치타티보를 활용해서 스토리 전개, 주변상황이나 등장인물의 심리상태 등을 부연하여 묘사합니다.

세자르 프랑크는 널리 알려진 작곡가는 아닙니다.

루치아노 파바로티Luciano Pavarotti가 부르는 '생명의 양식'Panis Angelicus, FWV61b을 들으면, 그 제목과 작곡가는 모르더라도, 몇 소절만 듣고도 깊이 몰입하게 됩니다. 이 곡의 작곡가가 바로 세자르 프랑크입니다. 프랑크는 프랑스의 오르간 연주자 이자, 작곡가로 알려져 있습니다. 1822년 벨기에의 리에주에서 태어났으며, 1835년에 파리 음악원에 입학하여 공부하였고, 1844년 벨기에에서 파리로 돌아온 이후 오르가니스트로 활동하였습니다. 바흐 이후 최고의 오르가니스트라는 명성을 얻기도 하였고, 생 클로티드 성당의 오르간 주자와 파리 음악원의 오르간 학과 교수로 재임하며 오르가니스트뿐 아니라 작곡가로서 걸출한 작품들을 많이 남겼습니다. 그중에서 다음과 같은 작품들이 대표적으로 거론됩니다.

바이올린 소나타 A장조  (Violin Sonata in A major)  FWV8

현악 4중주 D장조  (String Quartet in D major)  FWV9

코랄 3번 a단조  (Choral No. 3 in a minor)  FWV40

교향곡 d단조  (Symphony in d minor)  FWV48

십자가 위의 일곱 말씀The Seven Last Words Of Our Saviour On The Cross을 하이든이 작품 의뢰를 받아 작곡한 것과는 달리, 프랑크는 1859

년, 거의 무명이던 30대에 아무런 제안과 대가 없이 순수한 신앙심에서 우러나오는 열정만으로 작곡에 임한 것으로 알려져 있습니다. 그래서 초기에는 이 작품이 프랑크의 작곡인지 그 진위 여부에 대한 논란도 있었습니다.[2]

프랑크가 작곡한 '십자가 위의 일곱 말씀Les Sept Paroles du Christ sur la Croix'은 다음과 같이 총 8곡의 악장으로 구성되어있습니다.

제1곡 프롤로그    – O vos omnes
제2곡 첫 번째 말씀    – Pater, dimite illis
제3곡 두 번째 말씀    – Hodie mecum eris in paradiso
제4곡 세 번째 말씀    – Mulier, ecce filius tuus
제5곡 네 번째 말씀    – Deus meus, ut quid dereliquisti me?
제6곡 다섯 번째 말씀    – Sitio
제7곡 여섯 번째 말씀    – Consummatum est
제8곡 일곱 번째 말씀    – Pater, in manus tuas commendo
                         spiritum meum

이 작품에서는 소프라노, 테너 그리고 베이스의 독창과 합창이 오케스트라와 어우러집니다. 가슴을 아리게 하는 독창과 극적인 전개를 보여주는 합창 그리고 가녀림과 웅장함 사이를 꽉 채워주는 오케스트라의 협연이 큰 감동을 줍니다. 각각의 곡에 대한 세부적인 설명은 이어지는 개별 장에서 부연하도록 합니다.

프랑크의 십자가 위의 일곱 말씀 작품에 대해 음반으로 발표된 연주는 많지 않습니다. 그중 대표적인 음반을 소개합니다.

지휘 : 휴버트 벡Hubert Beck

오케스트라 : 슈베비슈 그뮌트 필하모닉
Philharmonie Schwäbisch Gmünd

합창단 : 슈베비슈 그뮌트 필하모닉 합창단
Chor der Philharmonie Schwäbisch Gmünd

독창자 : 에디트 빈Edith Wiens(Soprano),
라이문도 메트레Raimundo Mettre (Tenor),
이보 잉그램Ivo Ingram (Bass),
토마스 파이퍼Thomas Pfeiffer (Baritone)

레코드 레이블 : Audite (1993)

국내 연주로는 서울모테트합창단의 2018년 정기공연 실황을 유튜브로 볼 수 있습니다. 발표된 모든 연주가 감흥을 불러일으키지만, 그중 개인적으로 소개한 연주를 중심으로 전개해

나가도록 하겠습니다.

세자르 프랑크의 오라토리오 '십자가 위의 일곱 말씀'은 라틴어 가사로 쓰였습니다. 이 책에서는, 중심 성경 말씀을 토대로 작품의 원문을 새롭게 번역하여 연주 음반을 들으며 말씀 묵상에 동행하도록 하였습니다.

각각의 본문 개별 장 말미에는 라틴어 원문과 번역된 내용을 함께 게재하여 독자의 이해를 돕도록 구성하였습니다.

# 묵상

---

## 프롤로그

## 제 1 곡

지나가는 모든 사람들이여

O vos omnes

세자르 프랑크의 오라토리오

중

1악장을 들으며 묵상합니다.

세
자
르

프
랑
크
의

오
라
토
리
오

## 음악적 구성

- 제1곡인 프롤로그는 이 작품에서 유일하게 소프라노 독창으로만 구성 되어있습니다.
- 오보에 선율과 바순의 협주로 시작하는 전주는 처연한 분위기를 자아 냅니다.
- 이후, 현악 파트가 가세하는 오케스트라 반주는 점진적으로 강약을 반 복하며 몰입감을 높입니다.
- 이어지는 소프라노 솔로는 구약의 말씀(예레미야애가, 룻기)을 토대로 이야기를 전개하며, 우리의 마음을 차분히 준비시킵니다.

## 중심 말씀

**예레미야애가 1:12-13**
지나가는 모든 사람들이여 너희에게는 관계가 없는가 나의 고통과 같은 고통이 있는가 볼지어다 여호와께서 그의 진노하신 날에 나를 괴롭게 하 신 것이로다
높은 곳에서 나의 골수에 불을 보내어 이기게 하시고 내 발 앞에 그물을 치 사 나로 물러가게 하셨음이여 종일토록 나를 피곤하게 하여 황폐하게 하 셨도다

**룻기 1:20**
나오미가 그들에게 이르되 나를 나오미라 부르지 말고 나를 마라라 부르 라 이는 전능자가 나를 심히 괴롭게 하셨음이니라

**Prologue**

# O vos omnes

**< Prelude >**

**Soprano Solo**

O vos, o vos omnes
qui transitis per viam
attendite et videte
si est dolor si est dolor
sicut dolor meus

Posuit me Domine
desolatam tota die tota die
maerore confectam
Ne vocatis me "Naemi" "Naemi"
sed vocae me "Mara"
sed vocate me "Mara"

O vos, o vos omnes
qui transitis per viam
attendite et videte
si est dolor sicut dolor
dolor meus

## 프롤로그
# 지나가는 모든 사람들이여

< 전주 >

**소프라노 솔로**

지나가는 모든 사람들이여
너희에게는 관계가 없는가
나와 같은 고통이 있는가
볼지어다 여호와께서 진노하신 날에
나를 괴롭게 하신 것이로다

지금 나를 보고
여호와께서 진노하신 날에
나를 괴롭게 하신 것이로다
나를 "나오미"라 부르지 말고
나를 "마라"라 부르라
나를 "마라"라 부르라

지나가는 모든 사람들이여
너희에게는 관계가 없는가
나와 같은 고통이 있는가
볼지어다 여호와께서 진노하신 날에
나를 괴롭게 하신 것이로다

# PRIMUS

# 01

아버지

저들을 사하여 주옵소서

자기들이 하는 것을 알지 못함이니이다

**누가복음 23:34**

Father,

forgive them,

for they do not know what they are doing.

첫 번째 말씀

# 용서

"아버지 저들을 사하여 주옵소서
자기들이 하는 것을 알지 못함이니이다" 눅 23:34

---

예수님은 이 한마디를 하시기 위해서 십자가에 달리셨습니다. "아버지 저들을 사하여 주옵소서" 그 한 마디는 '용서'입니다. 용서는 죄지은 자가 구해야 할 것인데, 무결한 예수님은 우리와 한마디 상의도 없이 우리 죄를 짊어지셨습니다. 왜? 우리가 아무것도 모르기 때문입니다. "자기가 하는 것을 알지 못함이니이다" 우리는 지금도, 여전히 아무것도 모릅니다. 살이 찢기는 아픔도 모르고, 어깨를 짓누르는 십자가의 무게도 모르고, 죽음을 향해 걸어가는 처절한 외로움도 모릅니다. 어쩌면 우리는 오늘도 그리스도인이라는 명찰을 달고 주님을 다시 십자가에 매달고 있는지도 모르겠습니다. 너무 심한 비약일까요? 그렇다면 오늘 우리는 주님께 용서를 구해야 합니다. 주님 왜 나 같은 사람을 위해 십자가를 지셨습니까? 왜 한마디 상의도 없이 혼자 짊어지고

가셨습니까? 주님 피 흘리며 계실 때 나는 어디에 있었습니까? 지금도 당신을 그저 바라보고만 있는 못난 나를 용서해 주시옵소서.

주께서 주신 용서를 갚는 길은 나도 용서하는 것뿐입니다. 마태복음 18장에 보면, 왕에게 일만 달란트 빚진 자의 이야기가 나옵니다. 도저히 갚을 길이 없어서, 왕 앞에서 애원하니까, 왕이 그의 빚을 탕감해 줍니다. 얼마나 감사합니까? 그런데 그가 집에 가다가 자기에게 일백 데나리온 빌린 동료를 만납니다. 그에게 빚을 갚으라고 하면서, 조금만 참아달라고 애원하는 그를 감옥에 가둡니다. 얼핏 보면 감옥에 갇힌 동료가 불쌍한 것 같지만 반대입니다. 동료를 감옥에 가두는 순간 빚을 탕감받은 은혜와 감격은 사라졌습니다. 정확히 말하면 사라진 것이 아니고 스스로 버렸습니다.

우리는 매 주일 고백합니다. "우리가 우리에게 잘못한 사람을 용서하여 준 것 같이 우리 죄를 용서하여 주시고" 우리는 여전히 죄를 짓습니다. 우리는 용서해야 할 존재이지만 동시에 여전히 용서받아야 할 존재라는 사실을 기억하십시오. 용서는 은혜입니다. 은혜를 받았다면 그 은혜를 흘려보내시길 바랍니다. 내가 의인이라 관용을 베푸는 것이 아니라, 나도 죄인이기에 하늘을 바라보며 긍휼을 구하고 하나님의 용서를 전하시길 바랍니다.

# 용서받은 니느웨

2014년 7월 24일.

요나의 무덤이 있다고 알려진 '모술'이라는 중동의 한 도시로 세계의 이목이 집중되었습니다. 그 이후 IS라 자처하는, 이슬람 극단주의 무장단체가 계속해서 벌이는 종교적, 문화적 유적에 대한 파괴 행위에 모두가 경악했습니다. 이렇게 역사 속에 묻혀 있던 요나의 존재가 다시금 각인되는 순간이었습니다.

하나님의 사랑과 용서에 대한 극적인 내용을 꼽으라면 요나서를 주저 없이 떠올릴 수 있을 것입니다. 겨우 4장으로 구성된 성경 말씀이 어린아이들에게까지도 강렬하게 각인되는 것은, 쉽게 접할 수 없는 시각적 사건들이 생생하게 묘사되었기 때문인 것 같습니다. 그런데 가장 놀라운 점은, 선지자 요나조차도 이해할 수 없었던 니느웨에 대한 하나님의 용서입니다.

니느웨Nineveh는 앗수르(아시리아)의 수도였습니다. 기원전 700년, '공포로 몸을 감싼, 힘이 센 영웅'이라고 자기 자신을 묘사한 왕인 세나케립Sennacherib은, '전혀 견줄만한 상대를 지니지 않은 궁전'을 짓습니다. 이것이 지금으로부터 4000년도 넘는 오랜 옛날 시작된 앗수르, 그 제국의 수도 니느웨가 위용의 정점에 서는 순간이었습니다.[16]

요나서에도 그 규모를 짐작할 수 있는 구절이 있습니다. "요나가 여호와의 말씀대로 일어나서 니느웨로 가니라 니느웨는 사흘 동안 걸을 만큼 하나님 앞에 큰 성읍이더라"요나서 3:3 라는 문구처럼, 면적이 220만 평이나 되었습니다.[13]

'도시 전체가 태양처럼 빛났다'라고 묘사되듯, 금박 치장을 요란하게 할 만큼이나 번성했던 니느웨는, 성적 타락, 인신 공양 등 사악함도 정점에 다다랐던 곳입니다. 그들의 개선비에 새겨진 기록을 보면 포악함의 단면을 알 수 있습니다.

"나는 귀족들의 껍데기를 벗겼고, 3,000명의 포로를 불에 태워 죽였다. 나는 한 명의 포로도 남겨두지 않았다. 나는 그들의 손과 발을 자르고, 코와 귀를 베어내기도 하였다. 수많은 병졸의 눈을 도려내기도 하였으며, 처녀들을 통째로 굽기도 하였다."[16]

이러한 당시 상황을 알면 알수록, 하나님이 요나 선지자를 보내어 "그 성읍에 들어가서 하루 동안 다니며 외쳐 이르되 사십 일이 지나면 니느웨가 무너지리라"요나서 3:4 라고 하나님의 말씀을 전하게 하셨다는 사실에 더욱 의아해집니다.

그런데 요나의 경고에, 니느웨 사람들은 하나님 말씀을 따라 금식을 선포하고, 높고 낮은 자를 막론하고 굵은 베 옷을 입 요나서 3:5 고서, 왕과 니느웨 사람들은 믿을 수 없을 정도로 극적으로 회개하였으며 요나서 3:6-9, 결국 하나님은 진노의 불길을 내리지 아니하십니다. 요나서 3:10 마땅히 받아야 할 진노를 하나님이 거두심에, 요나는 화를 냅니다. 그런데 우리를 더욱더 놀라게 하는 것은 다음과 같은 하나님의 말씀입니다.

> 여호와께서 이르시되 네가 수고도 아니하였고 재배도 아니하였고 하룻밤에 났다가 하룻밤에 말라 버린 이 박넝쿨을 아꼈거든 하물며 이 큰 성읍 니느웨에는 좌우를 분변하지 못하는 자가 십이만여 명이요 가축도 많이 있나니 내가 어찌 아끼지 아니하겠느냐 하시니라 요나서 4:10-11

그 강퍅한 니느웨 사람들조차도 사랑하고 용서하신다는 말씀에 우리는 놀라움을 넘어 경악하는 것입니다.

그러면 하나님의 '용서'는 항상 무차별적이고 무조건적으로 영속될까요?

# 저들은 누구입니까?

예수님이 하늘을 우러러 "아버지, 저 사람들을 용서하여 주십시오." 기도하십니다.

예수님께 가시관을 씌우고 희롱하며 침을 뱉고 머리를 때린 군병들. 마태복음 27:29-30

십자가 옆에서 하나님의 아들이거든 자기를 구원하고 십자가에서 내려오라 모욕한 자들. 마태복음 27:39-40

남은 구원하였으되 자기는 구원할 수 없다고 희롱한 대제사장들, 서기관들, 장로들. 마태복음 27:41-42

옆의 십자가에 못 박혀 예수님을 욕한 강도. 마태복음 27:43-44

이 사람의 피에 대하여 나는 무죄하다 강변한 무책임한 빌라도 마태복음 27:24

빌라도 앞에서 예수님을 십자가에 못 박으라 소리 지른 군중. 마태복음 27:23

예수님을 죽이려고 함께 의논하고 결박하여 총독에게 넘긴 모든 대제사장과 백성의 장로들. 마태복음 27:1-2

예수님을 죽이려고 거짓 증거를 찾던 공회의 대제사장 가야

바. 마태복음 26:57-59

예수님은 사형에 해당한다 하며 예수께 침 뱉고, 주먹으로 치며, 손바닥으로 때린 이들. 마태복음 26:66-67

나귀를 타고 예루살렘에 입성하시는 예수님을 열광적으로 환영했지만 마태복음 21:8-9, 십자가는 외면한 그들.

예수님이 하나님께 용서해 달라고 기도한 '저 사람들'은 이러했을 것입니다.

그러나 '저 사람들'보다 예수님의 마음을 더욱 아프게 한 이들은 가룟 유다뿐 아니라, 우리도 주와 함께 죽으러 가자고 호기 있게 말했던 요한복음 11:16 도마를 포함하여 지근 거리에서 3년을 동고동락했으나 십자가로 인해 순식간에 뿔뿔이 흩어져버린 10명의 제자들이요, 특히 예수님을 절대로 배반하지 않겠다고 강변했던 베드로일 것입니다.

그렇다면 우리는 어떠할까요?

혹, 우리도 '저 사람들'에 포함되어 살아가고 있지는 않을까요?

# 용서는 망각일까요?

용서(forgive)의 어원은 for(far) 와 give의 합성어로, 멀리 보내낸다는 의미를 갖는다고 합니다. 더 멀리, 더 큰 가속도로 보낸다면 용서의 강도 intensity 가 더 커질까요?

용서가 나의 의지로, 자유자재로, 마치 컴퓨터 바이러스를 처리하고 리부트하는 것처럼 말끔하게 이루어진다면 얼마나 좋을까요? 용서한 것이 아니라 단지 잠시 잊고 있었음을 깨닫고, 시야와 기억에서 더 멀리 보내려 했던 적이 얼마나 많았던지요. 살아가면서 용서를 통해 구겨짐과 찢김이 백지화되기는커녕, 오히려 용서하지 못한 것들이 켜켜이 쌓여 그 깊이를 헤아릴 수조차 없지는 않던가요?

아마도 가장 어려운 일 중 하나가 용서일 것입니다.

빚을 탕감해 준다는 것은 빚의 존재를 근원적으로 없애주는 것입니다. 리스트에서 그 기록 자체를 깨끗이 지워버려 '있었던 것'이 '없음'이 되는 것입니다. 우리가 지은 죄를 하나님 앞에 자복하고 용서를 구하여 용서받았다는 것은, 다시는 그 죄를 기억해낼 필요가 없는 것처럼 말입니다. 이처럼 '용서받는 자'로서 결과를 수용하는 수월성이, '용서하는 자'에게도 동일하게 적용될까요? 용서에는 우리의 기억과 마음속에서 깨끗이 지워지는 것이 수반된다고도 말하는 것처럼 말입니다.

그런데 '용서하는 자'로서, 어떻게 이것이 마음대로 되겠습니까? 그래도 과학적 근거에 의해, 우리가 할 수 있는 것이 있습니다. 아니 해야만 하는 최소한의 역할이 있습니다. 바로 그 일을 자꾸 되뇌어 각인하려는 것을 멈추는 것입니다. 기억과 마음속에 그 일을 되새겨 넣으려는 것을 스스로 억제해야 함을 의미합니다.[9] 일기장에 빽빽이 적어놓은 과거의 일을 수시로 펼쳐서, 애써 들추어 상기하는 것이 무슨 유익이 있겠습니까?

그래도 기억을 봉인하여 의도적으로 방치하는 자구적 행위가 〈용서〉가 될 수는 없을 것입니다.

이처럼 용서는 자연적인 기억의 소멸이나, 의도적인 기억의 외면으로 이어지는 결과물로 받아들이는 수동적인 행위가 아닙니다.

# 용서는 선한 싸움일까요?

동서고금을 막론하고, 종교적, 윤리적으로 '용서의 베풂'을 강조해 왔습니다. 마치 도덕적 담론의 '선함'에 대한 상징처럼 말입니다. 더 나아가 실타래같이 꼬여있는 복잡한 문제의 중요한 해결책 중 하나인 것처럼 거론되기도 했습니다.

우리는 현실적 이해관계 속에서, 수많은 갈등 상황에 노출되어있습니다. 부, 명예, 권력 등 실질적 이익을 구하는 과정에서 상호 간에 발생하는 마찰은 개인을 넘어 조직과 국가로까지 확대됩니다.

이 과정에서 '용서'라는 주제는 쉽게 말하고 감당하기에는 너무도 큰 담론입니다. 그러면 순전한 개인의 관점에서, 용서는 '나와의 선한 싸움'일까요?

불현듯 떠오른 과거의 일 하나가 까맣게 잊었다고 여겼던 평정을 뚫고 다시금 마음에 파문을 일으키며 아픔과 통증을 유발합니다. 여기서 조금만 방심하면, 문득 떠오른 생각이 들불처럼 번져, 순식간에 온통 분노로 뒤덮입니다. 내 안에서만 있는 것이

43

아니라, 주변으로 급속하게 퍼져나갑니다. 대면하는 사람들에게 표정, 말, 행동으로 전파됩니다. 문득 깨달아 차분히 자신을 돌아보면, 갑자기 튀어나온, 용서했다고 여겼던 과거의 일 하나가 순식간에 놀라울 정도로 나와 주변을 흔들어 놓은 것입니다.

이처럼 용서는 쉽지 않은 일인 것 같습니다. 단순한 망각처럼 기억에서 지워버리는 행위에 기반하는 것이 아님이 분명합니다. 그런데도 '용서'라는 명제는 끊임없이 우리를 맴돌고, 용서해야 한다는 강박 속에서 헤매기 일쑤입니다.

마음속에 가득 차 넘치는 감정적 과잉과, 이를 극복하고 용서해야 한다는 의지 사이에서 우리의 자아는 철저히 분열되어, 혼돈 속에서 투쟁합니다.

마치 '선한 사마리아인'이 되어야 한다는 강박을 실현하기 위해 미화된, '자신과의 선한 싸움'처럼 말입니다.

# 용서의 모범

"아버지, 저 사람들을 용서하여 주십시오."라고 기도하신 예수님을 따르려는 그리스도인들에게 질문이 제기됩니다.

"우리가 부당한 취급을 받으면 우리는 그것을 그냥 받아들이고만 있는가? '나를 밟고 가시오'하는 식의 페르소나를 계발해서 비열하고 폭력적이고, 무례하고 공모를 일삼는 사람들이 우리를 이용하고, 우리의 권리를 침해하고, 우리를 속이도록 그냥 수동적으로 내버려 두고는 개미만 한 목소리로 "아버지여, 저들을 용서하여 주소서"하고 마는가?"[27] 라는 이 물음에 잠시 숨을 고릅니다.

그저 텍스트로 읽어낸 단어들의 무게가 불어나, 내 몸에 생채기로 남은 상처들과 더불어 불현듯 심적 압박감을 가중시킵니다. 비로소 그동안 현실에서 축적된 나의 문제로 병치 되는 것입니다. 이러한 도전적인 질문은 우리를 흔들어 다시금 그리스도인 다운 용서의 근간을 생각하게 합니다.

그동안 수없이 들어왔던, 일반화라는 모호한 과정을 통해 정형화된, 그리스도인의 모범에 대하여 C. S. 루이스의 생각을 살펴봅니다.

> 예수님이 어린아이와 같이 되지 않으면 하나님 나라에 갈 수
> 없다고 말씀하셨다고 해서 마태복음 18:3 '착하기만' 하면 어리석
> 어도 괜찮다고 생각하는 그리스도인들이 많습니다. 그러나 이
> 것은 오해입니다.… 사도바울이 지적했듯이 그리스도는 지성
> 의 영역에서 아이처럼 되라고 하신 것이 결코 아닙니다. 고린도전
> 서 14:20 그리스도는 우리에게 비둘기처럼 순결할 뿐 아니라 뱀
> 처럼 지혜로우라 하셨습니다. 마태복음 10:16 그가 바라시는 것은
> 아이의 마음과 어른의 머리입니다. 그는 우리가 착한 아이처
> 럼 순진하고 한결같으며 정 많고 잘 배우기를 바라시지만, 동
> 시에 우리의 지성은 어느 면에서나 그 임무를 다할 준비를 하
> 고 있으며 최상의 전투태세를 갖추고 있기를 바라십니다.[31]

또한 예수님이 십자가에서 우리를 위하여 자기 목숨을 버리
신 것처럼, 타인을 위해 나의 목숨까지도 내어놓을 수 있는 것을
사랑의 모범으로만 여길 때, 자칫 오류에 빠질 수 있습니다. 이
에 대해 팀 켈러는 단호히 말합니다.

> 누군가가 나를 착취하거나 내게 죄를 짓도록 허용하는 것은
> 상대를 사랑하는 일이 결코 아니다. 그것은 상대의 잘못된 행

동을 굳어지게 만들고, 두 사람 모두를 파멸로 이끌 수 있다.[21]

그리고 오히려 "'자기를 내어 준다'는 미명 아래 심리적으로 아주 나쁜 여러 이유로 협박과 이용을 당하는 이들이 분명히 있다. 사실 그것은 이기적인 처사이고, 자신이 상대보다 우월하거나 꼭 필요한 존재라고 느낄 수 있는 방법이다. 자기를 내어주는 사랑이 학대나 억압으로 이어질 수 밖에 없다는 말은 이것을 완전히 오해한 데서 나온 것이다." 라고까지 말합니다.[21]

그리스도인으로서 용서의 객관성은 개인의 정서적 조건과 그때그때의 마음가짐이라는 필터를 통해 걸러지므로, 그 온전함이 담보되지 않는다고도 생각할 수 있습니다. 이처럼 한쪽만 강조된 용서에 관한 그리스도인의 수동성에 대한 편향을 살펴보고, 용서에 대한 확장된 개념을 성찰할 필요가 있습니다.

# 용서는 훈련인가요?

아버지 저들을 절대로 용서하지 마옵소서 저들은 자기가 하는 일을 낱낱이 알고 있습니다. 오늘, 생활의 터전에서 우리가 하고 싶은 기도는 바로 이것인지도 모릅니다. 그러나 예수님은 이와 정반대의 기도를 드리셨습니다. 유진 피터슨은 다음과 같이 편향된 사고의 여백을 넓힙니다.

> 이 기도는 또한 "자기들이 하는 것을 알지 못할" 가능성의 여지를 남겨둔다. 좀 더 자세히 말하자면, 그들은 자신들이 하나님의 형상을 다치게 하고 있거나 모독하고 있다는 사실을 모르며, 자신들이 "여기 내 형제 중에 지극히 작은 자 한 사람"<sup>마태복</sup>음 25:40을 속이거나 그들에게 영구적인 손상을 주고 있다는 사실을 모른다.[27]

이처럼 무지함을 전제로 한 관용성은, 그 사람이 자신의 잘못을 인지했을 때 회심하고 사과할 것이라는 긍정적 결과, 그 기대를 바탕으로 합니다. 또한 이 과정은 완력과 강제에 의한 것이 아니라, 전적으로 자기 선택적이어야 하며, 순전한 자발성이 그

동인이어야 할 것입니다.

거대 제국인 니느웨의 최고 절정기에, 요나와 같은, 그들이 보기에 비루한 일개 개인이, 거리를 다니며 그저 '회개하라' 외친 것만으로, 좌우를 분변하지 못하던 백성은 물론이고 왕까지 베옷을 입고 재를 뿌리며 회심하였다는 것에 놀랍니다. 그들의 진정성이 바탕이 되었을 때 비로소 하나님의 진노로부터 용서함을 받을 수 있었던 것입니다.

일반적으로는 '저들이 지금 하는 일에 대해서 잘못을 전혀 인지하지 못한다.'라는 전제하에서만, 아니 그럴 가능성의 여지가 있다는 단서 조항을 걸어야만 검토해 보겠다며 '용서'라는 말을 입 밖으로 조심스럽게 꺼내어 놓을 수 있지 않을까요? 그런데도 누가 감히 나서 '용서하자'라고 당당히 말할 때, '당신이 무슨 권한으로 그리하는가'라고 분명히 되물음 당하지 않을까요? 하물며 옳음과 그름의 경계가 명확한, 명백한 잘못을 한(행하는) 자들에게 선뜻 용서라는 베풂을 나누어 줄 수 있을까요?

예수님이 십자가에서 하신 말씀은 예수님을 따르는 이들에게 엄청난 고뇌와 도전을 유발합니다. "아버지여, 저들을 용서하여 주소서"라고 말할 수 있는 사람이, 예수님과 함께 그 기도를 드릴 줄 아는 그리스도인들 말고 누가 있겠는가? 라는 반문처럼[27],

예수님이 하신 말씀의 모범은 우리에게 '그리스도인다움'의 실질적 숙고를 요구합니다. "예수님의 용서 기도를 드림으로써 우리의 정신은 복수가 아니라 연민을, 노여움이 아니라 이해를, 중성화된 이방인에 대한 거절이 아니라 죄인인 형제자매에 대한 수용을 훈련하게 된다."[27] 라는 표현처럼, 이 세상 누구도 할 수 없는 일이기에 그리스도인들이 해야 하는 일로서 말입니다.

그렇다면, 용서는 참된 그리스도인으로 거듭나는 도전과 훈련일까요? 용서의 시도와 포기가 반복되는, 평면상에서 반복적으로 제자리를 맴도는, 원점 회귀의 훈련은 아닐까요?

스트라빈스키 Igor Stravinsky의 표현을 변용해 보면, 용서라는 원칙적인 노력을 조금 더 세심하게 기울인다면, 나아가 끊임없는 거듭 훈련으로 삼는다면, 우리는 나선을 따라서 조금씩 조금씩 더 높이 올라갈 수 있을 것이라고,[41] 그래서 용서가 자신의 몸 깊숙이 스며들 때까지는, 힘들더라도 포기하지 않고 멈춤 없이 훈련해야 한다고 말하는 것이 합당할까요?

용서의 기술을 갈고 닦아, 숙련된 상태에 이른다는 것은, 마치 우리의 노력이 축적되어 구원을 얻는다는 '자력 구원'을 연상시킵니다. 그러나 용서는 훈련의 결과로 얻을 수 있는 것이 아닐 것입니다.

# 용서는 자기희생일까요?

다시금 자문합니다.

용서는 해를 입은 사람이 해를 가한 사람에게 베푸는 것이라 할 때, 현재도 계속해서 위해를 가하고 있으며, 가해자가 그 책임에 대한 반성은커녕 의도적 행위를 지속하고 있다면 우리는 어떻게 해야 하는 것일까요?

예수님은 "악한 자를 대적하지 말라"<sup></sup>마태복음 5:39 말씀하십니다. 그리고 맞은 뺨의 반대편도 내어주고, 그가 원하는 것 이상을 주라고 하십니다. 마태복음 5:39-42

눈에는 눈, 이에는 이로 '악함'에 맞서려면 '더 큰 악'으로 대응하여야 함을 경계하시는 것은 아닐까요? 겨 묻은 개와 싸우려면 우리도 겨 속에서 뒹굴어야 하는 것처럼 말입니다.

예수님은 우리의 영이 상함을 먼저 걱정하시고, 구원의 걸림돌이 될까 우려하여 대적함을 피하라고 하신 걸까요?

예수님이 말씀하신 가르침이 구체적으로 제시될 때 오히려 마음이 편합니다. '해야 하는 일'이 명확해지니까요. 그러면 이를 좀 더 확장해서 각각의 상황에 맞추어 용서에 대한 상세한 대응 매뉴얼을 작성하면 어떨까요?

성경에 기록된 예수님의 가르침은 많습니다. 그리고 이를 지켜야 한다고 듣습니다. 그런데, 아침에 눈을 뜨는 순간 떠오른 불온한 생각과 더불어, 하루의 시간을 채워감에 따라 어긋나는 생각과 행동들로 가득 차갑니다. 예수님의 가르침이 우리가 지켜야 하는 '그리스도인의 의무'로 강제될 때, 그것을 모두 준행하지 못함에 번민하며, 가중된 죄책감에서 벗어날 수 없을 것입니다.

예수님이 십자가에서 죽으심과 부활하심을 믿음으로써, 구원의 은혜를 받았다는 것이 복음의 핵심입니다. 우리의 선행이나 그 어떤 노력으로 구원에 이르는 것이 아님이 분명합니다. 우리가 예수님의 가르침을 지키려고 노력하는 것은 후에, 천국에서의 상급을 높이려는 것도 아닙니다. 값없이 주신 구원의 감사함에서 [11] 우러나오는 일이어야 함을 의미합니다. 그런데 어떻게 항상 '감사함으로 충만'하여 행할 수 있을까요? 예수님과 3년을 함께한 제자들조차 하지 못한 일입니다.

우리가 단번에 용서하지 못함은 자연스러운 일일 것입니다.

실족함의 유혹에서 벗어나, 자책이 아닌 기도를 해야 하지 않을
까요? 하나님의 은혜를 구하는 것입니다. 우리의 의지와 노력으
로 할 수 없음을 고백하고, 용서의 은혜를 구하는 것입니다.

# 하나님의 섭리

우리는 오늘도 '부도덕함과 불의함이 어떻게 해서든 사회와 국가로부터 제거되어 정의가 실현되도록 해야 하는 것이 아닌가?'[27] 라는 확장된 물음에 직면합니다. 그리고 던져진 질문은 타당하지만, 나와 크게 상관없는 국가적 거대 담론일 뿐이라고 치부하여 외면해 버릴 수도 있을 것입니다.

'정의'라 함은 우리 스스로 바르다고 자의적으로 정한 '의'를 말합니다. 지극히 논리적이고 객관적이라 생각되지만, 절대적 기준도, 행해지는 방법도 사실은 모호합니다.[47]

하지만 그리스도인에게는 명확한 기준이 있습니다. 그것은 하나님의 말씀입니다. 말씀에 부합하여 자신의 잘못을 깨닫고 자복하여 회심하면, 하나님 앞에 용서의 대상이 됩니다. 그리스도인 자신에게는 물론이요, 그리스도인 상호 간에, 그리고 그리스도인이 아닌 사람과의 관계에서도, 이처럼 하나님이 중심이 되는 '하나님 주권'의 용서가 실현되도록, 그 이행 과정을 돕는 역할이 필요합니다. 우리 스스로가 대단한 선의를 베풀 듯이 어쭙잖은 용서를 남발하는 것이 아닙니다.

죄를 사하시고 용서하심도, 죄에 상응하는 징벌을 가하시는 분도 오직 하나님뿐이십니다. "내 사랑하는 자들아 너희가 친히 원수를 갚지 말고 하나님의 진노하심에 맡기라 기록되었으되 원수 갚는 것이 내게 있으니 내가 갚으리라고 주께서 말씀하시니라"로마서 12:19 라는 사도바울의 말을 상기합니다. 또한 베드로도 "그는 모욕을 당하셨으나 모욕으로 갚지 않으시고, 고난을 당하셨으나 위협하지 않으시고, 정의롭게 심판하시는 이에게 다 맡기셨습니다."베드로전서 2:23 라고 했습니다. 이처럼 우리 스스로가 정의의 집행자가 되는 것이 아닙니다. 그렇다고 무심히 방관하는 것도 아닙니다. 우리 그리스도인은 주권자이신 하나님의 공의가 집행됨을 증거하며, 그 과정에 동참해 나가는 것입니다.[48]

J. S. 바흐 Johann Sebastian Bach 의 칸타타 Cantata BWV 50: 이제 구원과 권능과 나라가 나타났고 Num ist das Heil und die kraft 에서 합창으로 힘차게 선포되는 것처럼,[20] 우리는 현실 속에 그 모습(하나님 공의의 실현)이 속히 이루어지기를 바랍니다.

이제 구원과 권능과 나라가 나타났고

Nun ist das Heil und die Kraft und das Reich und

하나님의 권세는 그리스도의 권세가 되었으니

die Macht unsers Gottes seines Christus worden,

이는 밤낮으로 하나님 앞에서 우리 형제들을

weil der verworfen ist, der sie verklagete Tag und

무고하던 자들이 쫓겨났기 때문이라.

Nacht vor Gott. 40

그러나 우리의 시간 (크로노스 Chronos)이 아니라, 하나님의 시간 (카이로스 Kairos)에서 진행되는 일이므로, 때로는, 너무 더디다고, 아에 정체되어있다고 혼란스러워할 수도 있을 것입니다. 그러나 하나님은 그때를 정하시고 지금도 역사하고 계시며, 말씀을 통해 증거되고 있습니다.

이 묵시 vision 는 정한 때가 있나니

그 종말이 속히 이르겠고 결코 거짓되지 아니하리라

비록 더딜지라도 기다리라 지체되지 않고 반드시 응하리라

하박국 2:3

그런데 우리는 스스로 깨닫지 못한 요나이며 하박국임을 고백합니다.

저들을 어떻게 용서하냐고, 왜 저들이 아니고 우리가 징벌을 받아야 하냐고 강변하고 있었습니다. 위해危害를 당한 자가 《나》라고, 그것도 '무고한 위해'였다고 강변했지만, 사실은 내가

가해<sup>加害</sup>를 한 자요, 그것도 '불의한 가해'였음을 인지하지조차
못하고 있었던 것입니다.

이제, 《나》를 둘러싼 '하나님을 대신하고 있는 우상'과 '사
욕에 잡힌 불의'와 '타인을 정죄함으로 가득 찬 용서 - 포용 없는
강퍅함'을 회개하며, 하나님 앞에 정결케 됨을 기도하고 묵상하
며, 하나님의 은혜를 구합니다.

니느웨의 예처럼, 하나님의 용서에도 불구하고, 그들은 결국
본래의 모습으로 돌아갔고, 스바냐의 기록처럼<sup>스바냐 2:13-15</sup> 기원
전 612년 바벨론에 의해 멸망하여 역사 속으로 영원히 사라져버
립니다. 남 유다의 하나님 백성들이 바벨론의 점령으로 겪게 되
는 고난과 하나님의 때에 대한 묵시의 실현을 기다리며 믿음으
로 견뎌야 함을, 선지자 하박국을 통해 나타내시고, 언약한 묵시
에 반드시 응하심을 보이셨습니다.

이렇듯 내가 아니라, 모든 것은 하나님이 결정하시고 행하시
는 것이라는 믿음으로, '하나님이 주권자이심'을 고백하여 인도
하심에 순종하며, 용서의 은혜가 흐를 수 있도록 기도합니다.

# 묵상

|

## 제 2 곡

아버지 저들을 사하여 주옵소서

Pater, dimite illis

세자르 프랑크의 오라토리오

중

2악장을 들으며 묵상합니다.

## 음악적 구성

- 제2곡은 예수님의 첫 번째 말씀을 토대로 소프라노, 알토, 테너, 베이스 4성부의 합창으로 진행됩니다.
- 현악 파트가 중심이 된, 저음이 강조된 오케스트라 반주에 이어, 한목소리로 '아버지'라 간절하게 부르는 합창의 시작과 휴지는 긴장감을 고조시킵니다.
- 애절한 아카펠라에 이은 오케스트라 반주가 어우러지는 전개가 확장됩니다.
- 같은 패턴이 반복된 후, 예수님이 죄인으로 십자가에 못박힘을 합창과 오케스트라를 통해 격정적으로 표현합니다.
- 마지막은 '아버지 저들을 사하여 주옵소서'라는 간절한 기도로 목소리를 모아 아카펠라 형태로 아련히 마무리합니다.

## 중심 말씀

**누가복음 23:34**
이에 예수께서 이르시되 아버지 저들을 사하여 주옵소서 자기들이 하는 것을 알지 못함이니이다 하시더라 그들이 그의 옷을 나눠 제비 뽑을새

**이사야 53:12**
그러므로 내가 그에게 존귀한 자와 함께 몫을 받게 하며 강한 자와 함께 탈취한 것을 나누게 하리니 이는 그가 자기 영혼을 버려 사망에 이르게 하며 범죄자 중 하나로 헤아림을 받았음이니라 그러나 그가 많은 사람의 죄를 담당하며 범죄자를 위하여 기도하였느니라

**Parole 1**

# Pater, dimite illis

**< Prelude >**

**Chorus**

Pater

Pater, dimite illis
non enim sciunt quid faciunt
Crucifixerunt
crucifixerunt
crucifixerunt
Jesum et latrones
crucifixerunt
crucifixerunt
Jesum et latrones
unum, unum a dextris,
et alterum a sinistris
Jesus autem dicebat:

**< Interlude >**

Pater, dimite illis
non enim sciunt quid faciunt
Cum sceleratis
cum sceleratis

**첫 번째 말씀**

# 아버지 저들을 사하여 주옵소서

**< 전주 >**

**합창**

아버지

아버지 저들을 사하여 주옵소서
자기들이 하는 것을 알지 못함이니이다
십자가에 못박으니
십자가에 못박으니
십자가에 못박으니
예수와 두 행악자를
십자가에 못박으니
십자가에 못박으니
예수와 두 행악자를
하나는 우편에,
하나는 좌편에 있더라
이에 예수께서 이르시되

**< 간주 >**

아버지 저들을 사하여 주옵소서
자기들이 하는 것을 알지 못함이니이다
죄인 중 하나로
죄인 중 하나로

cum sceleratis
reputatus est
cum sceleratis
cum sceleratis
reputatus est
cum sceleratis
cum sceleratis
cum sceleratis
reputatus est
cum sceleratis
cum sceleratis
reputatus est
et ipse peccata multorum tulit
et pro transgressoribus rogavit

Cum sceleratis reputatus est
cum sceleratis reputatus est
cum sceleratis reputatus est
cum sceleratis reputatus est
et ipse peccata multorum tulit
et pro transgressoribus rogavit

Pater, pater

pater, dimite illis
non enim sciunt quid faciunt

죄인 중 하나로
헤아림을 받았음이니라
죄인 중 하나로
죄인 중 하나로
헤아림을 받았음이니라
죄인 중 하나로
죄인 중 하나로
죄인 중 하나로
헤아림을 받았음이니라
죄인 중 하나로
죄인 중 하나로
헤아림을 받았음이니라
그러나 그가 많은 사람의 죄를 담당하며
죄인을 위하여 기도하였느니라

죄인 중 하나로 헤아림을 받았음이니라
죄인 중 하나로 헤아림을 받았음이니라
죄인 중 하나로 헤아림을 받았음이니라
죄인 중 하나로 헤아림을 받았음이니라
그러나 그가 많은 사람의 죄를 담당하며
죄인을 위하여 기도하였느니라

아버지, 아버지

아버지, 저들을 사하여 주옵소서
자기들이 하는 것을 알지 못함이니이다

# SECUNDUS

## 02

내가 진실로 네게 이르노니

오늘

네가 나와 함께 낙원에 있으리라

누가복음 23:43

I tell you the truth,

today you will be with me in paradise.

두 번째 말씀

# 회개와 구원

"내가 진실로 네게 이르노니

오늘 네가 나와 함께 낙원에 있으리라" 눅 23:43

---

　　여기 죽음 앞에 선 두 강도가 있습니다. 거대한 못이 박힌 손목과 발목은 중력에 찢겨져 내려가고, 시야는 점점 희미해져 갑니다. 그러나 삶과 죽음의 기로에서 나온 두 사람의 마지막 말은 너무나도 대조적입니다. "달린 행악자 중 하나는 비방하며 이르되 네가 그리스도가 아니냐 너와 우리를 구원하라 하되" 그는 두 눈으로 옆에 달린 무기력한 청년 예수를 바라보았습니다. 그리고 그를 조롱하는데 인생의 마지막 말을 사용합니다. 그러나 또 다른 죄인은 이렇게 말합니다. "예수여 당신의 나라에 임하실 때에 나를 기억하소서" 그는 죽음의 순간, 자신의 옆에 달린 메시아 예수 그리스도를 바라보았습니다. 무기력한 청년이 아닌, 하나님 나라를 이루실 메시아를 바라보았습니다. 그리고 그에게 자신을 의탁하며 인생의 마지막 말을 맺습니다.

　어떻게 생사의 기로에서 한 사람은 예수님을 조롱하고 한 사람은 하나님 나라에 임하실 메시아를 알아봤던 것일까? 그 해답은 회개에 있습니다. 제가 은사 목사님께 임종을 앞둔 분들의 병상 세례에 대해 들은 적이 있습니다. 말 그대로 병상에서 세례를 받는 겁니다. 저는 죽음을 앞두고 세례를 받는 게 너무 형식적이라는 생각이 있었어요. 어차피 곧 죽는데 지푸라기라도 잡는 심정으로 세례받고, 구원받으면 땡큐고 아니면 마는 거 아닙니까? 그러니까 모두가 일단 받고 볼 거라고 생각했어요. 그런데 오산이었습니다. 똑같이 병상에 누워 죽음을 맞이하고 있지만 "당신은 예수 그리스도를 유일한 구세주로 믿으십니까?"라는 질문에 누군가는 눈물을 흘리며 고개를 끄덕이고, 누군가는 끝까지 고개를 돌린다는 겁니다. 왜 이렇게 다를까요? 삶의 마지막 순간에 인생이 주마등처럼 스쳐 지나가지 않겠습니까. 그때 깨닫는 거예요. 내가 진짜 *부끄러운 삶*을 살았구나. 나름 의인이라 생각하며 살았지만 정작 죄인이었구나. 나는 아무것도 아니었구나. 이게 바로 회개의 마음입니다. 이 가난한 마음에 하나님이 긍휼의 은혜를 부어 주시는 거예요. "내가 진실로 네게 이르노니 오늘 네가 나와 함께 낙원에 있으리라" 우리에게 이 회개의 마음이 필요한 줄 믿습니다. 한 번 회개했으니 된 것이 아닙니다. 주님 오늘 나를 기억하시고, 주의 나라가 임하실 때까지 이 믿음을 지킬 수 있도록 회개의 영을 부어 주시옵소서 기도해야 합니다.

# 허다한 강도들

"당신은 체트닉을 끌어안을 수 있습니까?"라는 질문이 던져집니다.

체트닉은 1993년 크로아티아 사람들을 강제 수용소에 몰아넣고, 여자들을 강간하고, 교회를 불태우고, 도시를 파괴하던 악명 높은 세르비아 전사들을 일컫는 말입니다. 그 비극적 현장을 바라보며, 크로아티아 출신 신학자인 미로슬라프 볼프 Miroslav Volf 는 배제와 포용 Exclusion and Embrace 이라는 책을 다음과 같이 시작합니다.

> 나는 체트닉을 끌어안을 수 있을까? 무엇이 그러한 끌어안음을 정당화해 줄까? 나는 어디에서 그럴만한 힘을 얻을 수 있을까? … 대답을 하는데 시간이 좀 걸렸다. 하지만 내가 무슨 말을 하고 싶은지는 즉시 알 수 있었다. "아니오, 못할 겁니다. 하지만 그리스도를 따르는 이로서 나는 그럴 수 있어야 한다고 생각합니다."[22]

그는 하나님께 부르짖는 무고한 이들의 피와 죄인을 위해 바치신 하나님의 어린양의 피라는 상반된 갈림길에 서서 고뇌합니다. 십자가에 달리신 이를 따르고자 하는 바람과 다른 이들이 십자가에 못 박히는 것을 지켜보거나 나 자신이 십자가에 못 박히도록 내버려 두고 싶지 않은 마음 사이의 갈등, 즉 십자가의 메시지와 폭력의 세상 사이에 있는 긴장 속에서 하나님의 뜻을 신학적으로 고찰해 나갑니다.[22] 이것이 어찌 볼프 교수만의 고뇌이겠습니까?

세계 도처에서 지금도 헤아릴 수 없을 만큼 많은, 다양한 문제들이 발생하고 있습니다. 광폭함, 참담함, 완고함, 불의와 기만, 폭력성이 가득한 세상 속에서 오늘, 우리가 겪어내는 일인 것입니다. 이처럼 삶의 터전에서, '너를 스스로 구원하라' 조소로 일관한 강도의 조롱을 넘어, 물리적으로까지 다가오는 신앙적 도전에 우리는 처절하게 기도합니다. 나의 힘으로는 도저히 스스로를 지탱할 수 없음을 고백합니다.

과거를 돌아봅니다. 끔찍하고 광포한 일을 한 사람들을 세계사 속에서 너무도 쉽게 찾아볼 수 있습니다. 그런데 놀랍게도, 그들과 《나》는 다를 바 없는 같은 인간입니다. 나치 전범인 아이히만Adolf Eichmann의 재판을 보며, 한나 아렌트Hannah Arendt가 뉴

요커New Yoker에 기술한 것으로 알려진 내용 중 '악의 평범성'이란 표현처럼, '악의 보편성'이 내 안에도 도사리고 있을 것입니다. 다시 말해 《나》도 상황에 따라서는 유사한 일을 할 수 있는 사람이라는 말입니다. 물론, 아니라고 극구 부인할 수 있고, 실제로도 동일한 죄악을 직접 저지른 적은 없습니다. 그러나 가면 뒤에 철저히 숨긴 '나의 내면'을 《나》는 적나라하게 알고 있습니다. 그래서 《나》를 타인들과 별개로, 의로운 것처럼 규정할 수는 없을 것입니다.

다시 십자가를 바라봅니다. 예수님께서 인간으로 이 땅에 오셔서 감당하신 고난과 그 구원의 은혜를 생각하는 것입니다. 그런데 예수님은 구원하려는 대상을 특정하셨던가요?

예배에 착실히 참석하고, 행실이 바르며, 이웃에게 선의를 베풀고, 사람들과 잘 어울리며, 각 처에서 리더쉽을 발휘하는 사람… 이들이 구원의 대상이 되는 모범일까요?

죄를 지은 사람, 이런저런 이유로 외면당하고 소외된 사람들을 포함하여, 우리 스스로가 '저 사람은 구원의 대상이 아니다'라고 단정할 근거는 무엇일까 다시금 생각해 봅니다.

# 극과 극의 강도

예수님이 십자가에 달리셨을 때 공교롭게도 예수님의 좌측과 우측에는 십자가형을 받은 범죄자가 있었습니다. 예수님에 대한 이들의 반응은 극과 극이었습니다.

한 명은 "네가 그리스도가 아니냐 너와 우리를 구원하라"<sup>누가</sup>라며 예수님을 조롱하고 저주하였습니다. 그리고 다른 한 명은 그 강도를 꾸짖으며, 정반대의 모습을 보이는 것이었습니다.

조엘 그린 Joel B. Green 의 글은 놀라움을 나타냅니다.

> 십자가에 달리신 예수님이 자신의 구세주이심을 처음으로 알아본 사람이 십자가형을 받은 범죄자라는 사실과, 그가 아무런 도적적인 혹은 정당한 자격없이 구원을 받았다는 사실은 참으로 의미심장하다. 그리고 그가 "나를 기억하소서"라고 기도한 순간에 그의 구원이 성취되었다. "오늘."[25]

본문에 나타난 강도들처럼 우리 앞에는 단 2개로 나누어지는 구분만이 존재합니다. '구원받은 자'와 '구원받지 못한 자'입니다.

이처럼 우리 삶의 종착지도 결국 두 곳만이 있을 뿐입니다. 바로 오늘 살아가는 길도 명백하게 2개의 목적지 중 하나만을 향해 가는 것으로, '제3의' 혹은 '제4의' 행로는 존재하지 않습니다.

모두에게 공평타당하게 구원의 기회가 주어져 있습니다만 결국, 자신의 결단이 있어야 함을 확인합니다. 십자가에 달리신 예수님 좌편과 우편에 매달려 있던 포용된 강도와 배제된 강도는 본인 결단의 몫을 충실히 해내야 함을 상기시키는 것입니다.

끝날에 양과 염소를 가르듯이 포용과 배제의 심판에 담대함과 감사함으로 설 수 있기를 소망합니다.

> 인자가 자기 영광으로 모든 천사와 함께 올 때에
> 자기 영광의 보좌에 앉으리니 모든 민족을 그 앞에 모으고
> 각각 구분하기를 목자가 양과 염소를 구분하는 것 같이 하여
> 양은 그 오른편에 염소는 왼편에 두리라 마태복음 25:31-33

# 완전한 거부

강도로 기록된 자가 지은 죄에 대하여 구체적으로 설명된 것은 없습니다. 단지 그의 행위를 정죄하여, 십자가에 달리는 형벌로 집행했다는 사실만을 아는 것입니다. 십자가형이므로 중벌에 해당하는 죄악을 저질렀을 것으로 추정할 뿐입니다.

예수님은 그 어떤 문답도 없이, 그가 나와 함께 천국에 있을 것이라 말씀하십니다. 예수님이 보시는 것은 악한 죄가 아니라 회심한 죄인인 것입니다.

반대편 십자가에 매달려 있는 또 하나의 범죄자를 봅니다.

그는 알베르 카뮈의 '이방인'에서, 사형집행을 앞둔 주인공 뫼르소의 적나라한 모습을 떠올리게 합니다.

애써 죽음과 그 너머의 문제에 대해 무관심으로 일관하지만, 그 의도적 외면은, 사형집행이 임박하자 결국 자아 폭발을 통해, 삶에 대한 무력한 체념으로 각인될 뿐입니다. 죽은 어머니를 떠올리며 그가 애써 위안하고자 삼은 것은, 그토록 죽음이 가까운 양로원에서야 비로소 모든 것을 다시 살아볼 준비가 되었다고 느꼈으리라는 해방감이었습니다. 그러나 소멸을 목전에 둔 본인은 해방감은커녕, 처형되는 날에, 그저 많은 구경꾼이 모여들어 증오의 함성으로 맞아주기를 소원하는, 마치 탈피하고 남겨진 매미의 껍데기처럼 체념의 공허함만이 주변을 맴돌고 있을 뿐이었습니다.

'죽음'이라고 하는 문제의 경계를 넘지 않으려는 완강한 거부는, 이처럼 지속될 수 없는 현실에 대한 완고한 '안주'만을 바라보게 합니다. 그러나 그 바람조차도 다가오는 완력에 의해 바스러져, 형체도 없이 사라지리라는 것을 무력하게 받아들여야 함을 알고 체념할 수밖에 없습니다. 스스로 폐쇄해버린 자아에 의한 그 견고한 거절은, 구원의 빛이 스며들 조금의 여지조차 허용하지 않습니다.

그것은 '완전한 거부'인 것입니다.

이처럼 자신의 어설픈 지식과 차지하고 있는 자리를 근거로, 해괴한 논리와 어쭙잖은 언변으로, 하나님을 부인하며 하나님께 대적하는 신흥 강도들이 도처에 있음을 보고 있지 않습니까?

이와 동일한 모습으로, 십자가의 또 다른 행악자는 '거부한 채'로 사멸되어갑니다. 이와같이 하나님을 거부하는 사람에게

그분이 해 주실 수 있는 가장 공정한 일은, 그가 원하는 대로 내버려 두는 것입니다.[26]

# 거부의 완악함

하나님은 에스겔서에 기록된 것처럼, 마음을 다하여 이미 말씀하셨습니다. "나는 악인이 죽는 것을 기뻐하지 아니하고 악인이 그의 길에서 돌이켜 떠나 사는 것을 기뻐하노라 이스라엘 족속아 돌이키고 돌이키라 너희 악한 길에서 떠나라 어찌 죽고자 하느냐" 에스겔서 33:11

그러나 사람들은 너무 악해져서 하나님의 손길과 하나님께로 방향을 틀어 순종하는 회심을 거부했습니다. 결국 악한 상태로의 모습을 고집한 것입니다. 예수님도 이처럼 회심을 거부하는 자들, 불순종하는 자들에 대해서 "예루살렘아 예루살렘아 선지자들을 죽이고 네게 파송된 자들을 돌로 치는 자여 암탉이 그 새끼를 날개 아래에 모음 같이 내가 네 자녀를 모으려 한 일이 몇 번이더냐 그러나 너희가 원하지 아니하였도다" 마태복음 23:37 라고 탄식하셨습니다.

예수님을 외면하고 저주까지 한 강도처럼, 회심을 거부하는 자들에 대한 하나님의 뜻을 벡스터는 안타깝게 기술합니다.

하나님께서는 악인들이 죽는 것을 기뻐하지 않으시고, 도리어 그들이 돌이켜서 살게 되는 것을 기뻐하시지만, 모든 사람들이 다 살게 되는 것이 아니라, 오직 돌이키는 사람들만이 살 수 있도록 작정하시고, 돌이키지 않는 사람들에 대해서는 영원한 죽음에 처하는 벌을 내리심으로써, 자신의 공의를 나타내시기를 기뻐하시는데, 이것은 그들이 스스로 영원한 죽음을 자초한 것에 대해서는 안타까워하시지만, 그들이 지은 죄는 미워하시기 때문이라는 것입니다.[59]

그리고 하나님께서 그들을 돌이키게 하시기 위하여 모든 수단들을 다 사용하셨는데도, 그들이 하나님의 말씀을 청종하지 않아서 멸망하게 된다면, 그것은 하나님의 책임이 아니라는 것과 전적으로 그들 자신의 책임이고, 그들이 죽기를 원하여서 죽은 것임을 깨우쳐 주시기 위한 것이라고 부연하여 설명합니다.[59] 하나님을 거부한, 몰 관계한 사이를 선택한 강도를 통해 하나님의 뜻을 명확히 깨닫는 것입니다.

# 회심의 모습

일반적으로 우리가 생각하는 회심은 하나님과의 관계를 바르게 하기 위해 자신의 죄의 목록을 꺼내 항목별로 하나님께 사죄하는 것이라 생각합니다.[52] 그러나 회심은 이것을 훨씬 뛰어넘습니다. 백스터는 회심의 모습을 아름답게 그려냈습니다.

> 회심은 어떤 사람이 지닌 땅에 속한 마음이 하늘로 끌어올려지고, 사람들이 지극히 사랑할 수밖에 없는 하나님의 놀랍고 탁월한 것들을 보게 되어서, 하나님에 대한 영원히 꺼지지 않을 사랑이 그의 마음속에서 타오르게 되고, 죄를 향한 마음을 끊어 버리고, 그리스도께로 피하여 자신의 피난처로 삼고, 감사함으로 그리스도를 자기 영혼의 생명으로 받아들이며, 그의 마음의 성향과 삶의 방향이 완전히 바뀌어서, 지금까지 행복으로 여겨 왔던 것들을 부인하고, 전에는 한 번도 생각해 보지 않았던 것을 행복으로 여기고, 이전과는 완전히 다른 목적과 목표를 가지고서 이 세상에서 살아가는 것이기 때문에, 결코 작은 일이 아닙니다.
>
> 한마디로 말해서, 회심이라는 것은 어떤 사람이 그리스도 안에

있게 됨으로써 새로운 피조물이 되는 것입니다.[59]

이처럼 회심은 목적지를 완전히 바꾸는 일입니다. 그래서 가던 길을 뒤돌아 온전한 방향을 향해 가는 것이지요. 그런데 우리는 얼마나 연약한 존재인지 모릅니다. 하루의 여정마다 빈틈없이 나아가는 것이 아니라, 빈번히 한눈을 팔다가 길을 헤매기 일쑤입니다. 그래서 우리를 잘 아시는 예수님은 강조하셨습니다. "그러므로 너희도 준비하고 있으라. 생각하지 않은 때에 인자가 오리라 하시니라."누가복음 12:40

우리는 주님이 다시 오실 그날을 진정으로 소망하면서, 하루하루 자신을 다듬으며 겸손히 나아갑니다. "우리 위에 저항할 수 없는 빛이 쏟아질 때 매 순간 우리 입에서 나오는 말이나 우리가 하는 행동들이 어떻게 보일지 더 자주 돌아보는 훈련은 가능할 것입니다. 그 빛은 이 세상의 빛과 너무도 다르겠지만, 우리는 그것을 염두에 두고 살 만큼은 충분히 알고 있습니다."[29] 라는 C. S. 루이스의 말처럼 말입니다.

# 현대인의 부풀린 자아

창세기를 읽으면, 우주적 창조 과정에 경이와 기쁨으로 빠져들게 됩니다. 그러나 아담과 이브가 하나님께 불순종하여 에덴동산에서 추방되는 것으로 우리의 깊은 시름이 시작됩니다. 그런데 그것도 잠시, 입을 다물 수 없을 정도의 충격적인 사건이 전개됩니다. 바로 가인이 저지른 범죄 이야기입니다. 볼프 교수는 이 사건에 대하여 가인의 정체성에 근거한 분석을 기술했습니다.

'가인'은 낳다, 생산하다 라는 의미를 가진 '맏아들의 탄생'을 선포하는 영예로운 이름이며, 동생인 '아벨'은 숨, 없음을 의미하는 '당연한 태어남'에 대한 반응으로 봅니다. 가인은 큰 땅을 가진 부유한 농부로, 아벨은 얼마 되지 않는 양 떼를 먹이는 가난한 사람으로 해석됩니다. 하나님께 드린 제물은 그저 소유한 땅의 소산을 바친 가인에 비해, 아벨은 가장 좋은 것의 최고부위를 드린 것으로 평가합니다. 그 차이를 아시는 하나님은 가인보다 아벨의 제물을 존중하셨습니다. 이에 가인은 분노하였고 동생을 들로 불러내어 살해합니다.

동생인 아벨보다 늘 더 중요하고, 우월한 존재라는 자신의 정체성이 부정당했음에 대한 반응이었습니다. 단순히 충동적인 실수가 아니라 자신의 존재감에 근거하여 하나님과 아벨을 자신의 삶으로부터 철저히 배제하는 행위를 의도적으로 저지른 것입니다.[22]

현대 사회에서 강조되는 것이 자존감입니다. 그런데 낮은 자존감으로 힘들어하는 사람을 치료하기 위해 내놓는 처방으로 '자존감을 스스로 높이라'는 것이 유일해 보입니다.[23] 즉, 원하는 '자기'를 '자신'이 만들라는 것입니다. 이처럼 자기 정체성 문제는 소속 사회에서 '상대적 자존'의 문제로 변질됩니다. 과도하게 부스트 된 (부풀려진) 자아로 지탱되는 자존감은 한 번의 자극만으로도 폭발해 버릴 수 있습니다. 마치 가인처럼.

지금 이 사람들과 함께 있는 모습이 좋게 보일까? 와 같은 '자기 생각'과, 자신의 모든 경험과 대화를 자기 정체성으로 연결 짓는 것을 그만두는 것. 즉, 끊임없이 자기 자신에 대해 생각하기를 그치는 것. 그래서 자기를 의식하지 않는 자유를 누리는 것. 자기를 의식하지 않음으로써 누리는 복된 평안. 이것을 C.S. 루이스는 '복음적 겸손'이라 말합니다.[31]

팀 켈러는 이에 덧붙여, 자존감을 둘러싼 온갖 말의 유희에

빠져들기를 단호히 거부한 사도 바울의 자기 정체성 사례를 제시하며 복음적 겸손의 비밀로 해석합니다.[23]

그러나 우리는 오늘도 자존감의 강박에 시달리고 있습니다. 《나》를 삶의 중심에 두고, 그 위상을 '스스로' 더 높이라는 호도된 메시지의 강제에, 그 덫에 걸려 있는 것입니다. 그래서 지금, 자존감에서 한껏 더 부풀려진 '자기 우월적 정체성'을 가지고, 하나님 앞에 서 있는지도 모릅니다.

# 구원은 은혜입니다.

다시금 구원받은 강도를 생각합니다.

'예수님, 주님이 주님의 나라에 들어가실 때에 나를 기억해 주십시오'라고 말합니다. 그리고 예수님은 "너는 오늘 나와 함께 낙원에 있을 것이다"라고 응답하십니다.

구원받은 강도는 하나님께 직접, 용서해달라고, 불쌍히 여겨 구원해 달라고 한 것이 아닙니다. '예수님을 통해서' 구원에 이를 수 있기를 요청한 것입니다.

우리는 하나님 앞에 지은 죄를 낱낱이 회개하여 용서받음으로 구원에 이른다고 생각할지 모릅니다. 하나님과 나와의 직접적인 관계성 속에서 말이지요.

우리의 죄 됨은 단순히 금지된 과일을 따 먹은 자의 후손이라는 것이 아닙니다. '하나님처럼', '하나님을 능가'하고자 하는 불순종의 자아가 뿌리 깊게 도사리고 있음을 의미할 것입니다.

모세에게 백성들이 토로했던 것과는 달리, 지금의 세상은 하나님에 대한 두려움과 경외를 잃은 지 오래입니다. 마찬가지로,

하나님과 대등한 위치에 서서, 거래하듯이 윤리적, 도덕적 죄를 나열하고, 용서를 구하여, 구원이라는 결과물을 받아내는 것과 같은, 오만한 자아가 자리 잡고 있는 것입니다. 《내》가 회개하였으니, 하나님은 구원을 당연히, 반드시 주셔야 하는 것처럼 말입니다. 이처럼 구원의 문제에서도, '하나님이 주권자 되심'이 아니라, 《나》라는 존재가 중심에 서 있음을 고백하며, '내가 주도자 됨'을 경계하는 것입니다.

그러나 구원받은 강도는 놀라운 깨달음을 토로한 것과 같았습니다. '예수님이 중보자 되심'을 고백하고, 자신을 내어 맡긴 것입니다. 예수님이 이 땅에 오신 본질이, 이처럼 중벌을 받은 범죄자의 구원을 통해서 드러난 것입니다.

우리는 깨닫습니다. '내가 회개하여' 구원을 얻어내는 것이 아니라, 하나님과의 온전한 관계가 깨어져 의로우신 하나님 앞에 바로 설 수 있는 존재도 못 되는 우리를 대신하여, 십자가에서 죽으신 예수님을 통해서, 그 십자가의 은혜로만 구원받을 수 있음을 말합니다.[46]

그리고 더 놀라운 것은 구원받음을 위해 '이 사실을 믿는 것' 외에 더 필요한 것이 없다는 것입니다. 본 회퍼의 직설적 표현대로, '값싼 은혜'입니다.[11]

　이 땅에 인간으로 오셔서, 온갖 고난과 죽음까지도 감당하신 예수님은, 아무 자격도 가치도 없는《저》를 위해서, 값으로 헤아릴 수도 없는 무한한 값을 대신 치르셨다는 사실, 그 은혜를 깨달으며 저희는 벅찬 감사와 찬송을 드리는 것입니다.

# 묵상

---

## 제 3 곡

오늘 네가

나와 함께 낙원에 있으리

Hodie mecum eris in paradiso

세자르 프랑크의 오라토리오

중

3악장을 들으며 묵상합니다.

# 음악적 구성

- 제3곡은 합창없이, 테너와 바리톤의 개별 독창과 둘이 함께 부르는 듀엣 형식으로 진행됩니다.
- 테너는 예수님의 말씀을, 바리톤은 구원받는 강도의 음성을 대변합니다.
- 주 멜로디가 오케스트라 반주로 제시되고, 테너 솔로를 통해 구원 받음이 선포됩니다.
- 바리톤은 구원받는 강도의 소망을 간절히 노래합니다.
- 이후, 테너와 바리톤은 듀엣으로 회심과 구원의 모습을 드라마틱하게 나타냅니다.

**3**

# 중심 말씀

**누가복음 23:43**
예수께서 이르시되 내가 진실로 네게 이르노니 오늘 네가 나와 함께 낙원에 있으리라 하시니라

**누가복음 23:42**
이르되 예수여 당신의 나라에 임하실 때에 나를 기억하소서 하니

**Parole 2**

# Hodie mecum eris in paradiso

**< Prelude >**

**Tenor Solo**

Hodie, hodie mecum eris
mecum eris in paradiso

Amen, amen dicotibi
Hodie mecum eris,
mecum eris in paradiso

**Baryton Solo**

Domine, Domine
memento mei
cum veneris in regnum tuum
Domine, Domine
memento mei
cum veneris cum veneris
in regnum tuum

**두 번째 말씀**
# 오늘 네가 나와 함께 낙원에 있으리

< 전주 >

**테너 솔로**

오늘, 오늘 네가
나와 함께 낙원에 있으리

내가 진실로 네게 이르노니
오늘 네가 나와 함께
낙원에 있으리라

**바리톤 솔로**

예수여, 예수여
나를 기억하소서
당신의 나라에 임하실 때에
예수여, 예수여
나를 기억하소서
당신의 나라에 당신의 나라에
임하실 때에

**Tenor Baryton Duet**

Hodie, hodie mecum eris
mecum eris in paradiso

hodie, hodie mecum eris
mecum eris in paradiso

hodie, hodie mecum eris
mecum eris in paradiso

hodie,
hodie

**테너 바리톤 듀엣**

오늘, 네가 나와 함께
낙원에 있으리라

오늘, 네가 나와 함께
낙원에 있으리라

오늘, 네가 나와 함께
낙원에 있으리라

오늘,
오늘

# TERTIUS

## 03

여자여 보소서

아들이니이다

...

보라

네 어머니라

요한복음 19:26-27

Dear woman,

here is your son,

...

Here is your mother.

세 번째 말씀

# 약속

"여자여 보소서 아들이니이다 …

보라 네 어머니라" 요 19:26-27

---

여기 아들의 참혹한 죽음을 바라보는 한 어머니가 있습니다. 그의 이름은 마리아. 메시아의 어머니입니다. 그녀는 어떤 심정으로 십자가에서 죽어가는 아들을 바라보고 있었을까요? 아마 겉으로 피눈물을 흘리면서도 마음속으로는 그날을 기억하고 있었을 것입니다. 30여 년 전 천사 가브리엘이 자신을 찾아왔던 그날 말입니다. "보라 네가 잉태하여 아들을 낳으리니 그 이름을 예수라 하라" 그녀는 약속의 말씀을 받았습니다. 마치 아브라함처럼 말이죠. 그리고 그 약속만 붙들고 오늘 이 자리까지 나아왔습니다. 마치 아브라함처럼 말입니다.

그런데 아브라함이 자신의 전부인 아들 이삭을 제물로 바치려던 그때 하나님은 그를 죽게 놔두지 않으셨습니다. 그러나 오늘은 다릅니다. 하나님은 침묵하셨고, 마리아의 아들 예수가 희생되는 것을 멈추지 않으셨습니다. 그리고 예수님은 어머니에게 마지막 말을 전합니다. "여자여 보소서 아들이니이다" 이 말씀은 마리아에게 아들이 제물로 바쳐지는 것을 지켜보라는 것입니다. 십자가라는 어두움에 들어가는 것을 목격하라는 것입니다. 하지만 동시에 그녀가 성령으로부터 받은 약속을 굳게 붙잡으라는 것입니다. 자신의 아들, 메시아 예수 그리스도께서 십자가 위에서 하나님의 구원을 이루실 것이라는 약속! 마리아는 이 약속의 말씀을 굳게 붙잡았습니다. 그래서 예수님의 죽음 이후에도 그녀는 제자들을 도우며 초대교회를 세워갈 수 있었습니다. "보라 네 어머니라" 이 말씀은 사랑하는 제자에게 그녀를 어머니로 모시라는 말씀임과 동시에 마리아에게 제자들을 아들로 부탁한다는 당부의 말씀이었습니다. 그리고 실제로 로마의 핍박 가운데서 마리아는 예수님께 하듯 제자들을 섬겼습니다.

오늘 이 약속이 우리가 붙잡아야 할 약속입니다. 예수 그리스도께서 온 세상의 구주가 되어 주신다는 이 약속 안에서만 우리가 그리스도인으로, 주의 제자로 살아갈 수 있기 때문입니다.

보소서 어머니

"여자여, 보소서 아들이니이다."

이 문구는 우리를 당혹스럽게 합니다. 현대를 기준으로 자신의 어머니를 부르는 호칭과는 거리가 먼, 생소한 표현으로 느껴지기 때문입니다. 하지만 무덤 안에서 망연자실하여 울고 있던 막달라 마리아에게 부활하신 예수님이, "여자여 어찌하여 울며 누구를 찾느냐"라 말씀하셨던 것처럼, 2,000년 전 당시에, 문자 그대로 '여자'라는 뜻으로 쓰인 것입니다. 성경에는 어머니에게 쓴 표현이 한 번 더 나옵니다. 바로 예수님이 첫 번째 이적을 행하신 가나의 결혼식에서입니다.

> 사흘째 되던 날 갈릴리 가나에 혼례가 있어 예수의 어머니도 거기 계시고 예수와 그 제자들도 혼례에 청함을 받았더니 포도주가 떨어진지라 예수의 어머니가 예수에게 이르되 저들에게 포도주가 없다 하니 예수께서 이르시되 여자여 나와 무슨 상관이 있나이까 내 때가 아직 이르지 아니하였나이다 그의 어머니가 하인들에게 이르되 너희에게 무슨 말씀을 하시든지 그대로 하라 하니라 요한복음 2:1-5

이 당시 그 누구도 "때가 아직 이르지 않았다"라는 말씀을 이해하지 못했습니다. 이후에도 예수님은 여러 차례 '그때'에 대해 언급하셨습니다. 이제 비로소 모두가 깨닫습니다. '그때'는 자신의 죽음, 즉 십자가에서 죽는 순간을 의미하였음을.[36] 그리고 지금, 예수님은 그때에 이르러 십자가에 매달려 계신 것입니다.

십자가에 매달려 어머니를 바라볼 때 예수님의 마음, 감정에 대해서는 성경에 기술된 것이 없습니다. 하지만 우리는 알 수 있지요. 이후에 예수님이 사랑하는 제자인 요한에게 말씀하시는 것을 보면 더욱 확실해집니다.

"보라 네 어머니라."

우리가 떠나야 할 때 가장 소중한 이를 부탁하고 가는 것, 그래서 예수님의 마음을 절절히 느낄 수 있는 것입니다. 애써 덤덤하게 '감정적 과잉'을 배제하려 애쓰는 우리네의 모습도 떠오릅니다.

새로운 생명이 움트고 자라는 곳. 지상에 하나의 '생'이 시작되는 곳. 이것이 '어머니'라는 존재가 받은 축복일 것입니다. 어머니라는 존재의 부재는 새로운 시작의 결여를 의미할 것이고, '시작 없음'은 결국 소멸로 이어질 테니까요. 이처럼 어머니는 태생적으로 연결고리의 중심에 있는 존재입니다.

　　탄생과 죽음이라는 '인간 됨'을 철저히 통과하시는 예수님은, 지금 십자가에서 어머니를 부르고, 부탁하고 계신 것입니다.

　　공생애의 시작과 마무리에서 어머니는, 이처럼 예수님과 함께 합니다.

# 곁에 서 계시는 어머니

천사의 선포를 처음 들었을 때 느낌은 그저 꿈을 꾸는 것 같았을 것입니다. 현실과는 동떨어진, 일어날 수 없는, 상상도 할 수 없는 일이었기 때문입니다. 남편이 될 요셉은 어떠했을까요? 한 가지를 더 생각해야 하는 상황이니 정말로 난감했을 것입니다. 나의 문제로 접한다면 어떻게 할 수 있을까를 자문해 보는 일도 버겁습니다. 그런데 이런 놀라운 일의 경험도 단지 시작에 불과했습니다.

예수님이 공생애를 시작하시면서 드러내는 경이적인 일들의 체험을, 곁에서 직, 간접적으로 해나가게 됩니다. 그리고 마지막으로 인간이 견뎌내야 하는 가장 힘든 일을 겪어야 했습니다. 그것은 바로 아들의 죽음을 맞이하는 것입니다. 그것도 아주 처절하게 죽어가는 모습을 바로 곁에서 보아야 하는 일이었습니다. 십자가에 매달려 어머니를 보며 "보소서, 아들이니이다" 말씀하시는 예수님을 온전한 정신으로 바라볼 수 있었을까요. 이보다 더 큰 절망이 어디 있겠습니까?

일순간의 사고로 인한 급작스러운 이별이라는 결과가 아니라, 인생의 종지부로서 죽음을 향해 서서히 다가가는 모습을 바로 곁에 서서, 있는 그대로 지켜보아야 하는 어머니의 마음을 어떻게 말로 표현할 수 있을까요.

끝나지 않을 것 같은 시간 아니, '시간'이라는 개념 자체를 초월해 버린 순간들이 축적됩니다. 그리고 결국 아들의 시신을 수습합니다. 이제는 체념의 상태입니다. 이미 생명의 온기가 빠져나간 주검을 받아들입니다. 망연자실의 여유조차 없이 마지막으로 그를 돌무덤에 매장합니다. 그리고는 떨어지지 않는 발걸음을 돌려야 했을 것입니다. 어머니로서 감내하기 힘든 가혹한 일을 겪어내야 했습니다. 이것이 끝이었다면 너무도 슬프고 가슴 저린 이야기에 머물렀을 것입니다.

그러나 상상도 하지 못할 반전이 일어났습니다. 세마포에 싸인 채로 싸늘하게 식어버린 주검의 검은 그림자를 뚫고, 장사지낸 아픔이 가시기도 전에, 아들이 다시 살아났다는 소식을 접하는 것입니다. 어쩌면 '잉태'의 사건보다도 충격적인 체험일 것입니다. 이제, 가장 비극적인 어머니에서 가장 행복한 어머니로의 전환이 이루어지는 순간입니다. 그리고 '부활의 소망'을 가지고 충만한 기쁨 속에 여생을 마무리하지 않았을까요.

'곁에 서 계셨던 어머니'는 이제, 우리가 예수님을 알게 된 첫 만남에서부터 지금까지 동행하시며 늘 '곁에 서 계시는 어머니'로 우리에게 소망을 주고 계시는 것입니다.

## 증인으로 서다

빌라도는 예수님에게서 어떠한 흠결도 발견하지 못했으나, 유대 지도자들과 군중들의 요구로, 바라바를 놓아주고 예수님을 처형하도록 결정합니다.

로마 병사들은 금속이 박혀있는 가죽끈으로 채찍을 가합니다. 피와 살점이 튑니다.

예수님은 처형될 십자가의 한 부분인 무거운 목제 각목을 어깨에 지고, 힘겹게 가파른 언덕을 오릅니다.

오랜 심문과 채찍으로 온전하지 못한 예수님은, 한 걸음을 옮기기가 벅찹니다.

아프리카 유대인 시몬이 예수님의 어깨에서 목제 각목을 옮겨 대신 지고, 골고다를 향해 함께 거친 길을 오릅니다.

가까운 거리에서 예수님의 어머니는 이 모든 모습을 보며 따랐을 것입니다. 복받쳐 오르는 모성으로 쏟아지는 눈물에도 불구하고, 소리 내어 오열하지도 못한 채로, 군중들 틈 사이로 버겁게 한 걸음 한 걸음 언덕으로 올랐을 것입니다.

그리고 십자가 곁에 서서, 예수님의 말씀을 듣고 있습니다.

스탠리 하우워어스 Stanley Hauerwas의 말을 빌리자면,

> 예수님이 마리아에게 "보소서 아들이니이다"라며 말씀하신 것
> 은 그녀에게 우리를 살리기 위하여 자신의 몸에서 난 사람이
> 희생될 것을 지켜보라고 부탁하는 것이다.…아들이 제물로 바
> 쳐지는 것을 목격하라는 것이다.[33]

예수님이 십자가에서 하신 이 부탁과 요구는 지금 우리에게
향하고 있습니다. 이 땅에 인간으로 오셔서, 우리의 죄를 대속하
여 구원하시기 위해서, 온갖 굴욕과 온몸이 만신창이가 되어 십
자가에서 돌아가심을 똑똑히 마주함으로써, 예수님이 이렇게 나
를 살리셨다는 체험의 믿음을 증거하는 것 말입니다.

# Stabat Mater

예수님이 인간으로 처절히 감내해내시는 십자가 죽음의 전 과정을, 곁에 서서 모두 지켜보는 어머니의 비통함에, 우리는 목이 멥니다. 많은 작곡가도 '곁에 서 있는 어머니'가 감당했을 고통을 헤아려 '성모 애상' 혹은 '슬픔의 성모'라 번역되는 Stabat Mater 라는 작품을 작곡했습니다. 통계적으로 600여 곡의 작품이 있다고 합니다. 그중에서 페르골레지, 비발디, 하이든, 로시니의 작품이 빈번히 연주됩니다.

페르골레지의 Stabat Mater를 소개합니다.

페르골레지Giovanni Pergolegi는 18세기 이탈리아의 작곡가로, 원래 이름은 조반니 바티스타 드라기Giovanni Battista Draghi이며, 26세의 이른 나이에 프란치스코 수도원에서 세상을 떠났습니다. 짧은 생에도 불구하고 많은 기독교 음악을 작곡한 것으로 알려져 있으며, 그가 작곡한 Stabat Mater는 다음의 12개 곡으로 이루어져 있습니다.

1. Stabat mater dolorosa - 슬픔의 어머니가 서 있도다

2. Cuius animam gementem - 탄식하는 마음

3. O quam tristis et afflicta - 얼마나 애통하고 고달프셨는가

4. Quae moerebat et dolebat - 근심하며 비탄에 잠기네

5. Quis est homo, qui non fleret - 누가 함께 울지 않으리오

6. Vidit suum dulcem natum - 사랑하는 아들을 보도다

7. Eia, Mater, fons amoris - 사랑의 샘이신 어머니여

8. Fac, ut ardeat cor meum - 제 영혼을 너그럽게 하소서

9. Sancta Mater, istud agas - 거룩하신 성모여 마음깊이 새겨주소서

10. Fac, ut portem Christi mortem - 그리스도의 죽음을 담당케

하소서

11. Inflammatus et accensus - 열정과 열의가 지켜지게 하소서

12. Quando corpus morietur – Amen - 육신이 소멸되더라도

- 아멘

페르골레지의 작품은 고조되는 비통함과 복받치는 감정을 자제하는 어머니의 상충되는 심정을 소프라노와 알토의 개별 솔로와 듀엣을 통해서 절절하게 표현합니다. 때로는 알토 파트를 미성의 카운터테너 남성이 대신하기도 하며, 이때는 감정의 표현이 좀 더 직선적인 느낌으로 다가옵니다.

페르골레지의 Stabat Mater에 대해서는 많은 훌륭한 음반들이 있습니다. 그중 개인적으로 아바도 Claudio Abbado 지휘와 오케스트라 모차르트 Orchestra Mozart 연주의 음반을 추천합니다. 솔리스트로는 레이첼 하니쉬 Rachel Harnisch (소프라노), 사라 밍가르도 Sara Mingardo (콘트랄토)가 협연했습니다.

# 묵상

---

## 제 4 곡

여자여 보소서

아들이니이다

Mulier, ecce filius tuus

세자르 프랑크의 오라토리오

중

4악장을 들으며 묵상합니다.

세
자
르

프
랑
크
의

오
라
토
리
오

## 음악적 구성

- 제4곡은 베이스, 소프라노 그리고 테너의 독창이 순차적으로 나오며 혼성 합창이 중간부와 마지막에 배치됩니다.
- 오보에와 바순의 직선적 반주에 이어, 예수님의 음성을 대변하는 베이스의 독창이 처연하게 시작되어 반복됩니다.
- 이어지는 합창은 곁에 서서 감내해야 하는 성모 마리아의 슬픔을 상세히 묘사합니다.
- 하프의 선율에 이어서, 소프라노와 테너 독창이 각각 그리고 병행되어 진행되며, 슬픔의 애통함을 극적으로 나타냅니다.
- 마지막으로 합창을 통해 Stabat Mater의 애통함을, 그 슬픔을 함께 나눕니다.

**4**

## 중심 말씀

**요한복음 19:26-27**
예수께서 자기의 어머니와 사랑하시는 제자가 곁에 서 있는 것을 보시고 자기 어머니께 말씀하시되 여자여 보소서 아들이니이다 하시고
또 그 제자에게 이르시되 보라 네 어머니라 하신대 그 때부터 그 제자가 자기 집에 모시니라

**Parole 3**

# Mulier, ecce filius tuus

**< Prelude >**

**Bass Solo**

Mulier

**< Interlude >**

mulier ecce
filius tuus

**Chorus**

O quam tristis
o quam tristis
et afflicta,
fuit illa benedicta
O quam tristis
o quam tristis
et afflicta
fuit illa benedicta
o quam tristis
et afflicta
fuit illa benedicta
mater mater unigeniti

**세 번째 말씀**

# 여자여 보소서 아들이니이다

< 전주 >

**베이스 솔로**

여자여

< 간주 >

여자여 보소서
아들이니이다

**합창**

얼마나 슬프고
얼마나 슬프고
괴로우실까
큰 축복받아
얼마나 슬프고
얼마나 슬프고
괴로우실까
큰 축복받아
얼마나 슬프고
괴로우실까
큰 축복받아
독생자를 낳으셨던 성모의 마음은

**Soprano Solo**

Quis est homo qui non fleret
Christi matrem si videret
Christi matrem si videret
in tanto supplicio

**Tenor Solo**

Quis posset non contristari
piam matrem contemplari
piam matrem contemplari
dolentem cumfilio

**Soprano Tenor Duet**

Quis est homo qui non fleret
quis est homo qui non fleret
Christi matrem si vidret
si videret in tanto supplicio

**Chorus**

Quis est homo qui non fleret
Christi matrem si vidret
Christi matrem si vidret
in tanto supplicio
in tanto supplicio
in tanto supplicio

**소프라노 솔로**

함께 울지 않을 사람 누구 있으리
그리스도의 존귀한 어머니 보며
그리스도의 존귀한 어머니 보며
이처럼 애통해 하심을

**테너 솔로**

함께 통곡하지 않을 사람 누구 있으리
깊은 고통 겪으시는
깊은 고통 겪으시는
성모를 보며

**소프라노 테너 듀엣**

함께 울지 않을 사람 누구 있으리
함께 울지 않을 사람 누구 있으리
그리스도의 존귀한 어머니를 보고
이처럼 애통해 하심을 보고

**합창**

함께 울지 않을 사람 누구 있으리
그리스도의 존귀한 어머니의
그리스도의 존귀한 어머니의
이처럼 애통해 하심을 보고
이처럼 애통해 하심을 보고
이처럼 애통해 하심을 보고

# QUARTUS

**04**

나의 하나님,

나의 하나님,

어찌하여

나를 버리셨나이까

마가복음 15:34

My God,

my God,

why have you forsaken me?

네 번째 말씀

# 희생

"나의 하나님, 나의 하나님,

어찌하여 나를 버리셨나이까" 마 27:46

---

예수님의 절규입니다. 이 절규를 들으면 어떤 생각이 드십니까? 얼마나 아프셨으면 저렇게까지 외치셨을까 안타까운 마음이 드십니까? 맞습니다. 예수님 많이 아프셨습니다. 그런데 이 절규는 단순한 육체적 아픔에서 나온 절규가 아닙니다. 아버지께 버림받은 아들의 절규입니다. 하나님으로부터 단절되는 고독과 소외를 경험한 자의 절규입니다.

예수님 왜 하나님과 단절되셔야 했습니까? 왜 아버지께 버림받아야 했습니까? 나의 죄 때문입니다. 우리의 죄 때문입니다.

"진실로 네게 이르노니 네가 한 푼이라도 남김이 없이 다 갚기 전에는 결코 거기서 나오지 못하리라"(마 3:26)

여기서 한 푼은 예수님 당시 가장 낮은 화폐의 단위, 약 10원의 가치를 나타냅니다. 다 갚아도 남은 10원을 갚지 못하면 감옥에서 나올 수 없다는 말입니다. 예수님은 우리가 저지른 10원의 죄까지도 다 갚기 위해 십자가에 달리셨습니다. 하나님은 우리가 기억조차 못 하는 죄까지도 다 담당시키기 위해 아들을 버리셨습니다. 이것이 예수님의 희생입니다.

그러나 그 처절한 절규 가운데서도 예수님은 예언을 이루셨습니다.

"그가 자기 영혼의 수고한 것을 보고 만족하게 여길 것이라 나의 의로운 종이 자기 지식으로 많은 사람을 의롭게 하며 또 그들의 죄악을 친히 담당하리로다"(사 53:11)

그러므로 우리는 예수님의 십자가 절규를 믿음으로 들어야 합니다. "나의 하나님 나의 하나님 어찌하여 나를 버리셨나이까" 그리스도께서 하나님께 버림받음으로(Forsaken by GOD), 우리가 용서받았다는(Forgiven by GOD) 이 놀라운 죄 사함의 은혜가 여러분 가운데 있길 바랍니다.

# 졸고 있는 제자들

마지막으로 겟세마네 동산에 올라 기도하시던 예수님을 돌아봅니다. 홀로 떨어져 자리 잡으신 예수님은 간절한 기도를 드립니다. 그리고 오셔서, 동행한 제자들인 베드로, 요한 그리고 야고보의 잠든 모습을 보시며 안타까워하시고, 깨어 함께 기도해 달라고 요청하십니다. 그러나 그들은 졸음을 이기지 못함이 반복됩니다.

처절하게, 온 힘을 다하여 "이 잔을 내게서 옮기시옵소서"라고 옆에서 기도하시는데, 예수님이 가장 가깝게 여겨 특별히 동행해서 간 그들이 어떻게 이럴 수 있단 말입니까?

헤르만 헤세Hermann Hesse는 애써 이 사실을 받아들입니다.

때론 애수의 감정이, 때론 반어의 감정이 강조되며, 내 외경심은 예수의 고난, 겟세마네에서 그가 고투하는 대목에서 일어난다. 내 비판은 텍스트의 몇몇 대목을 겨눈다. 특히 제자들을. 그들이 자고 있었다는 것 때문만이 아니다. 그들의 스승은 외로이 최후의 사투를 벌이는데! 자고 있다는 것은 결국에는 이해가 되었다. 그건 용서할 수 있는 일이었다. 그렇게 된 건

태만해서라든지 감내하기 어려운 것 앞에서 무서워서만은 아니었다. 거기에는 뭔가 아이 같은 것, 자연 그대로의 모습도 있었다.[57]

우리에게도 시간이 흐르고, 삶과 체험의 길이가 길어질수록, 잠들었던 제자들의 그림자가 나의 모습으로 투사되며, 안타까워하시던 예수님의 마음이 전해지는 것입니다.

풍랑을 꾸짖어 잠잠하게 하시고, 물 위를 걸으시며, 죽은 사람을 살려내시는, 보지 않고는 믿을 수 없는 수많은 이적을 행하신 예수님. 바로 그분 곁에서 함께 하여 같이 먹고, 잠을 자며, 삼 년을 동행한 제자들. 그들은 상상조차 하지 못했을 것입니다.

무소불위 권능의 예수님이 바로 지금, 이곳 겟세마네 동산에서, 이 잔을 받지 않게 해달라고 비탄에 잠겨 통렬한 기도를 하고 계심을 추호도 알지 못했을 것입니다. 그래서 바로 곁에서도 잠이 들 수 있었을 것입니다. 육신의 곤고함에도 불구하고, 예수님의 죽음이 임박했음에 대한 상황을 자각했다면 결코 잠들 수 없었을 것입니다. 하찮은 근심과 걱정만으로도 잠 못 이루며, 뜬 눈으로 하얗게 밤을 새워본 우리는 아는 것입니다.

이처럼 예수님에 대한 절대적 신뢰를 가진 그들을 바라보시며, 이후 그들이 겪어낼 참담한 현실에 대해 예수님이 느끼셨을 애처로운 마음도 헤아려 보는 것입니다.

# 고난의 절정

마태와 마가가 전하는 것처럼 "내 마음이 심히 고민하여 죽게 되었다."라 말씀하시고 마태복음 26:38, "이 잔을 내게서 옮기시옵소서"라 기도하시며 마가복음 14:36, 겟세마네 동산에서 예수님이 느끼셨던 중압감은 무엇이었을까요?

누가는 겟세마네 동산에서 예수님이 '극심한 비탄'에 잠겨 피의 땀을 흘리셨다고 말합니다. 누가복음 22:44 이처럼 하나님의 아들이신 예수님이 흔들리신 이유가 무엇일까요?

팀 켈러는 "예수님은 십자가 위에서 아버지로부터 분리될 때 일어날 무한한 영적 붕괴를 겪기 시작하신 것이다."[39] 라고 말합니다.

예수님이 절박하게 기도하심을 헤아려 봅니다. 예수님은 제자들에게 누차 말씀하셨던 것처럼, 앞으로 전개될 상황을 모두 아셨을 것입니다. 우리가 병원에서 겪는 경험을 떠올려 봅니다. MRI 검사를 앞두고 덤덤하던 상태에 있었어도, 막상 베드에 누워 시커먼 튜브 안으로 들어설 때야 비로소 검사의 공포가 밀려

오듯이, 예수님은 겟세마네 동산에서 인간으로서 실체적 인지 과정을 겪으며 비로소 극심한 비탄에 잠기신 것 아닐까요? 그리고 '모두에게 버림받음'이라는 사실의 수용이 인간적 근간을 흔들고 있었을 것입니다.

3년이라는 기간 동안 동고동락했던 12명의 제자. 병 고침 받은 무수히 많은 자. 말씀을 따라 구름같이 따르던 자들. 예루살렘에 입성할 때 호산나를 외치면서 환호하며 대대적 환영을 했던 자들. 그러나 그 무엇보다도 모든 것을 순종한 하나님으로부터도 철저히 '버림받는다는 사실'을 받아들여야 하는 현실.

이 고심참담함에 마주 서, 십자가 위에서 "나의 하나님 어찌하여 나를 버리시나이까"라고 절규하는 예수님의 모습이 이 세상에서 담당하신 고난의 절정이었는지 모릅니다.

# 케노시스

우리가 가장 두려워하는 것은 바로 '버림받는다는 것' 아닐까요? 어쩌면 죽음이라는 것도 사후, 미지의 불확실성 때문에 두려운 것이 아니라, 우리가 사랑하는 사람, 우리를 사랑하는 이들, 이 세상으로부터 바로 지금 괴리된다는 사실에 공포심을 가지게 되는 것일 것입니다.

아브라함이 산을 오릅니다. 그 곁에는 평생에 불가능할 것이라 여겼던, 자신의 분신과도 같은 아들이 동행합니다. 그러나 그의 발걸음은 무겁고 가슴은 짓눌려 있습니다. 목적지에 도착합니다. 아들이 묻습니다. "희생 제물은 어디에 있나요?" 아브라함의 마음은, 그 어떤 말로도 표현할 수 없을 정도로 참담했을 것입니다.

아들은 반항하거나 심지어 도망치지도 않고 순종합니다. 자신의 아버지이니까요. 추호의 의심도 없었을 것입니다. 제단에 올려진 아들을 향해 칼을 높이 든 순간, 하나님의 음성이 들립니다. 그리고 안도합니다.

십자가에서 예수님이 외칩니다. "나의 하나님, 나의 하나님 어찌하여 나를 버리셨나이까?"

스탠리 하우어워스는 "이것은 아버지가 의도적으로 그분의 그리스도를 치명적 운명에 맡기는 것이다. 그리하여 우리의 운명이 죽음에 의해 결정되지 않게 된 것이다."라고 말합니다.[33]

우리는 번민합니다. 예수님이 결국 모든 데서 버림받으신 일을 우리가 어떻게 이해하고 소화할 수 있을까? 예수님은 자신에게 가장 절실히 필요할 때 하나님께 외면당하지 않고는 인간이 되실 수 없는 것일까? 인간이 되신 예수님 자신이야말로 모든 인간 중에서 하나님께 가장 처참히 버림받으신 것일까?[7]

하나님께서는 십자가에서 울리는 예수님의 절박한 외침에 응답하지 않으십니다. 침묵하십니다. 그러나 이 침묵은 외면과 배제가 아닙니다. 스탠리 하우어워스는 이렇게 표현합니다.

십자가는, 그리고 버림받음의 외침은 하나님이 하나님이 아닌 다른 어떤 것이 되려고 하는 것이 아니다. 또한 하나님이 자신을 소외시키는 행위가 아니다. 오히려 하나님의 케노시스 kenosis의 본질, 즉 완전한 사랑을 통해서만 가능한 완전한 자기 비움인 것이다.[33]

우리를 구원하시려고 인간으로 이 세상에 오신 예수님은, 십자가에서 버려지는 것이 아니라, 우리를 담아내어 구원을 성취하기 위해 자신을 온전히 비워내시는 것이라는 것을 깨닫습니다.

# 죽음의 반전

> 내 하나님이여 내 하나님이여 어찌 나를 버리셨나이까 어찌 나
> 를 멀리 하여 돕지 아니하시오며 내 신음 소리를 듣지 아니하
> 시나이까
> 내 하나님이여 내가 낮에도 부르짖고 밤에도 잠잠하지 아니하
> 오나 응답하지 아니하시나이다 시편 22:1-2

끝도 보이지 않는 절망의 터널에서 부르짖는, 좌절을 토해내
는 듯한 도입부로 시작하는 시편 22편은 다윗이 쓴 시로, 21절
까지 이어지는 내용을 보면 죽음에 직면한 처절함을 나타냅니
다. 절망적 상실감, 육체적으로 감내하는 고통, 어떻게 이런 일
이 나에게 일어날 수 있는가 하는 당혹감, 하나님이 대체 어디에
계신가 하는 부재의 혼란스러움을 세부적으로 묘사하고 있습니
다.[17]

이는 예수님이 지금, 십자가에서 겪어내시는 죽어감에 대한,
죽음에 관한 극도로 상세한 기술이요, 기록인 것입니다. 유진 피
터슨의 표현대로, 완곡한 어법은 단 한 줄도 없이, 회피하거나
고개를 돌리거나 은폐하는 일도 없이, 죽음을 있는 그대로 대면

하고 있는 것입니다. 이것이 바로 다윗이 기록한 것과 같이, 예수님이 죽음을 경험하셨던 방식인 것입니다.[17]

그러나 다윗은 시편 22편을 죽음에 대한 수동적인 공포로만 기술하고 마무리하지 않습니다. 후반부 22~31절에 이어지는 부분에서, 그는 생명력 넘치는 찬양으로, 반전의 시로 대담하게 외칩니다. 죽음을 넘어 하나님의 임재를 담대히 증거하며 선포하는 것입니다. 더이상 죽음에 압도되지 않는 승리의 삶을 노래하는 것입니다. 유진 피터슨은 다윗과 예수님의 증거이며, 바로 우리의 고백을 다음과 같이 기록했습니다.

> … 예수님의 이름으로 사는 사람들은 늘 그것을 경험한다. 깊은 슬픔의 한복판에서 갑자기 찬양이 솟구쳐 올라오는 일 말이다. 우리는 어둠 속에 갇힌 채 기도하고 있다. 한 줄기 빛도 없이 여러 날, 여러 주, 여러 달 동안. 그런데 어느 순간 우리는 자신이 찬란한 태양이 빛나는 탁 트인 곳에 있음을 발견한다. 하나님이나 삶의 의미를 알 수 없어 헤매다가 어느 순간 그 답을 알게 된다. 하나님이 함께하시지 않는다고 생각했지만, 어느 순간 그분이 바로 지금 여기에 나와 함께하고 계심을 깨닫는다. 아무 말도 들리지 않기에 아무런 일도 일어나지 않는다고 생각하고 있었지만, 어느 순간 알고 보니 고요한 가운데 은밀히 일이 이루어지고 있었다. 이것이 바로 부활이 일어나는

방식이다. 이러한 부활은 수없이 일어난다.[17]

예수님은 우리가 지나온 모든 자리를 친히 지나오신 분이십니다. 지금 우리가 처한 어둠은 물론 그보다 더한, 비교할 수도 없는 처참한 곳까지도 통과하셨습니다. 그래서 우리는 그분을 전적으로 신뢰하고 의지할 수 있는 것입니다. 그분은 이미 다 알고 계시며 능력으로 우리를 위로하시고, 힘을 주시고, 끝까지 붙들어 주신다는 것을 믿기 때문입니다.[37]

이것이 바로, 죽을 것같이 힘든 상황에 직면해서도 우리가 부활의 소망을 가지고 험한 세상을 꿋꿋이 살아갈 수 있는 이유일 것입니다.

# 반전의 삶

지금만큼 '홀로 있음'이 정상적이지 않은, 불안정성의 상징처럼 강조되는 때도 없었을 것입니다. 대면적 만남뿐만 아니라, SNS를 통해서라도 상시적으로 연결되어야 함을 의미합니다. 잠시라도 온-오프라인의 연결이 끊어지기라도 하면, 그 상태가 제법 길어지기라도 하면, 분리 불안까지도 느낍니다. '홀로 있음'을 '고립과 소외'로 동일시하는 오류가 만들어내는 강박입니다.

괴테Johann Wolfgang von Goethe가 여행 중에 쓴 책에는 "내가 그토록 오랫동안 갈망해 왔던 고독을 이제야 충분히 누릴 수 있게 되었다. 아무도 모르는 완전한 이방인이 되어 군중 속을 헤치고 돌아다닐 때보다 더 진한 고독이 느껴지는 곳은 어디에도 없기 때문이다"라는 말이 씌어 있습니다.[14] 그는 고독이 소외가 아니라 오히려 '자유'임을 역설하고 있는 듯합니다.

예수님은 홀로, 혹은 제자들과만 별도로, 따르는 무리의 소란함에서 벗어나 한적한 곳으로 가곤 하셨습니다. 그곳에서의 고독한 시간이 하나님과의 순전한 교통을 통해 온전함을 회복하는 시간으로 사용되었을 것입니다. 오스 기니스 Os Guinness는 우리가 어디로 가든 무엇을 대하든, 고독은 우리 삶의 움직이는 제단으로서, 유일한 청중이신 하나님 앞에서 예배하면서 살 수 있도록 해준다고 했습니다.[30] 이처럼 고독이 '분리되어 소외'된 것이 아니라 '하나님을 온전히 만나는 시간'으로 변화되는 것입니다. 그리고 이때, 자격 없는 나에게 값없이 베푸시는 하나님의 호의이며, 나의 사고와 심령에 강력하게 역사하여 삶을 변화시켜 주시는 –예수님의 중보자 되심을 통해 부어지는– 은혜를[18] 담아내기 위하여 자기 비움의 소중한 시간으로 쓰임 받기를 기도하는 것입니다.

십자가의 죽음은 절망, 수치, 오욕, 종결 등으로 인식되었습니다. 그러나 예수님은 소생, 회복, 다시 삶을 의미하는 부활로 치환시키셨습니다. 단지 십자가에서 버려지는 것이 아니라 부활과 구원을 담아내는 '자기 비움(케노시스)'으로 환치시키신 것입니다.

이처럼 그리스도인의 삶은 반전의 삶입니다. 성경에 무수히 기록된 것처럼 '약함', '고난'이 '담대함', '감사'로 전환되는 부활의 소망 가운데, '케노시스'가 '은혜의 충만함'으로 반전되는 삶을 사는 것입니다.

# 묵상

---

## 제 5 곡

나의 하나님,

어찌하여 나를 버리셨나이까

Deus meus, ut quid dereliquisti me?

세자르 프랑크의 오라토리오

중

5악장을 들으며 묵상합니다.

세
자
르

프
랑
크
의

오
라
토
리
오

## 음악적 구성

- 제5곡은 짧은 악장으로 혼성 합창으로만 진행됩니다.
- 아카펠라로 나지막하게 시작된 애잔한 선율은 욥기의 구절과 병치되어 예수님의 '버림 받음'의 처연함을 각인시킵니다.
- 이어, 강력한 저음을 동반한 오케스트라 반주와 합창이 이어지며 예수님의 심적 상태를 묘사합니다.
- 마지막 부분은 잔잔한 아카펠라로 진행하여, 심연으로 침잠하게 합니다.

## 중심 말씀

**마태복음 27:46**
제구시쯤에 예수께서 크게 소리 질러 이르시되 엘리 엘리 라마 사박다니 하시니 이는 곧 나의 하나님, 나의 하나님, 어찌하여 나를 버리셨나이까 하는 뜻이라

**욥기 19:13-14**
나의 형제들이 나를 멀리 떠나게 하시니 나를 아는 모든 사람이 내게 낯선 사람이 되었구나 내 친척은 나를 버렸으며 가까운 친지들은 나를 잊었구나

## Parole 4

# Deus meus, ut quid dereliquisti me?

**< Prelude >**

**Chorus**

Deus meus Deus meus
ut quid dereliquisti me
Noti mei, noti mei
quasi quasi alieni
recesserunt a me
Noti mei quasi alieni
recesserunt a me
et qui me noverant
obliti sunt mei
obliti sunt mei
Deus meus Deus meus
ut quid dereliquisti me

**네 번째 말씀**

# 나의 하나님, 어찌하여 나를 버리셨나이까

< 서주 >

**합창**

나의 하나님, 나의 하나님,
어찌하여 나를 버리셨나이까
내 형제들이 나를 멀리 떠나게 하시니
나를 아는 모든 사람이
내게 낯선 사람이 되었구나
나를 아는 모든 사람이
내게 낯선 사람이 되었구나
가까운 친구들도
나를 잊었구나
나를 잊었구나
나의 하나님, 나의 하나님,
어찌하여 나를 버리셨나이까

# QUINTUS

# 05

내가

목마르다

요한복음 19:28

|

I am thirsty.

다섯 번째 말씀

# 갈망

"내가 목마르다" 요 19:28

----

예수님이 십자가에 달린 시간은 제 삼시부터 구시까지, 오전 9시부터 오후 3시까지입니다. 성경은 열두 시부터 흑암이 덮였다고 표현하고 있습니다. 그리고 예수님께서 "내가 목마르다"라고 말씀하신 때는 3시가 다 되어서입니다. 꽤 오랜 시간 십자가에 달려있던 예수님께서는 인간적으로 목이 마르셨습니다. 그리고 요한은 이를 성경 말씀을 이루려고 하셨다고 증언합니다.

"나는 물같이 쏟아졌으며 내 모든 뼈는 어그러졌으며 내 마음은 밀랍 같아서 내 속에서 녹았으며 내 힘은 말라 질그릇 조각 같고 내 혀가 입천장에 붙었나이다 주께서 또 나를 죽음의 진토 속에 두셨나이다"(시 22:14-15)

예수님은 육체적으로 목 마르셨지만, 영적으로도 목이 마르셨습니다. 신 포도주로는 해소할 수 없는 목마름이 예수님께 있었습니다. 그것은 바로 하나님에 대한 갈망이었습니다. 그리고 하나님은 우리가 하나님을 갈망하길 간절히 원하십니다. 시편 기자의 고백처럼 우리는 "물이 없어 마르고 황폐한 땅에서" 하나님을 향해 목마르도록 지음을 받았습니다. 이러한 열망은 우리가 목마를 때 물을 찾듯 실제적인 것입니다. 누군가가 여러분에게 왜 예수님을 믿냐고 묻는다면 "당신은 물을 안 먹어도 목마르지 않습니까?"라고 말할 수 있어야 합니다.

예수님은 "내가 목마르다" 말씀하시며 동시에 이렇게 말씀하십니다.

"누구든지 목마르거든 내게로 와서 마시라 나를 믿는 자는 성경에 이름과 같이 그 배에서 생수의 강이 흘러나오리라"(요 7:37-38)

# 고통의 터널

"때가 제삼시가 되어 십자가에 못 박으니라" 마가복음 15:25

'십자가에 못 박는다'라는 것은 문자 그대로, 강철로 견고하게 만든 커다란 못으로 살과 뼈를 관통하여 육신을 십자가에 고정시키고, 세워 매다는 것입니다. 이 과정에서 육체적 외상, 과도한 출혈, 쇼크로 죽거나 숨을 쉬기 위해 몸을 들어 올릴 힘이 부족해서 질식사하곤 했습니다.[38] 그 이후에도 중력을 거슬러 지속해서 '매달림'을 유지해야 하며, 죽음만이 그 상태에서 벗어날 수 있는 유일한 방법입니다. 가장 잔인하고 가혹한 형벌일 것입니다.

예수님은 숨을 거두기까지 무려 6시간을 매달려 계셨다고 합니다. 온몸의 피가 파열된 혈관을 통하여 서서히, 모두 빠져나갔을 것입니다.

글로 표현하기에도 이럴진대 그 고통의 크기를 헤아릴 수나 있을까요?

"내가 목마르다"라고 하신 말씀은 은유의 말씀이 아니라, 육신의 고통이 절정에 다다랐음을 직설적으로 표현하신 것 아닐까요?

겟세마네 동산에서 기도하신 후, 유다가 이끌고 온 군졸들에 잡히실 때, 이에 맞서 베드로가 칼을 빼 들어 종 하나의 귀를 자르자 이를 꾸짖으시며, "너는 내가 내 아버지께 구하여 지금 열두 군단 더 되는 천사를 보내시게 할 수 없는 줄로 아느냐" 마태복음 26:53 라고 말씀하신 것을 기억합니다.

또한 예루살렘에 입성하시기 전 베다니에서, 죽어 장사지낸 지 4일이나 지난 나사로를 무덤에서 살리신, 요한복음 11:17-44 죽음까지도 초월하실 수 있는 권능자이심도 기억합니다.

바로 그분이 지금 십자가에 달려서 육신의 목마름을 말씀하고 계시는 것입니다.

우리는 우매하여 표현하지 않으면 알 수 없습니다. 예수님의 이 말씀을 통해서야 비로소 깨닫는 것입니다. 예수님은 철저히 인간으로서 참혹한 고통을 감내하셨다는 것을.

# 그리스도인의 갈증

하나님이여 사슴이 시냇물을 찾기에 갈급함 같이 내 영혼이 주
를 찾기에 갈급하니이다
내 영혼이 하나님 곧 살아 계시는 하나님을 갈망하나니 내가
어느 때에 나아가서 하나님의 얼굴을 뵈올까 시편 42:1-2

시편 기자가 고백하는 것처럼, 우리는 하나님을 향해 목마르
도록 지음을 받았습니다. 그런데, 지금 우리가 목말라하는 것,
갈망하는 것은 무엇일까요?

또 비유로 그들에게 말하여 이르시되
한 부자가 그 밭에 소출이 풍성하매 심중에 생각하여 이르되
내가 곡식 쌓아 둘 곳이 없으니 어찌할까 하고 또 이르되
내가 이렇게 하리라 내 곳간을 헐고 더 크게 짓고 내 모든
곡식과 물건을 거기 쌓아 두리라 또 내가 내 영혼에게 이르되
영혼아 여러 해 쓸 물건을 많이 쌓아 두었으니 평안히 쉬고
먹고 마시고 즐거워하자 하리라 하되 하나님은 이르시되
어리석은 자여 오늘 밤에 네 영혼을 도로 찾으리니

그러면 네 준비한 것이 누구의 것이 되겠느냐 하셨으니
자기를 위하여 재물을 쌓아 두고 하나님께 대하여
부요하지 못한 자가 이와 같으니라 누가복음 12:16-21

지금, 우리가 목말라 갈망하는 명예, 권력 그리고 경제적 부요함이 하나님 보시기에 어떤 모습인지를 생각해 봅니다.

그리스도인으로 산다는 것은 하나님과 나와의 특별한 삶으로 인도되면서, 그 특별함을 인식하게 하고, 나 외의 다른 요청과 더 넓은 지평에도 눈을 뜨라는 요구입니다. '그리스도인다움'은 우리가 '세속적'이라 부르는 가치와의 상충성 속에서도, 하나님을 믿고 따르는 자녀로서의 여러 부담을 인식하며 산다는 것을 의미할 것입니다.[11]

세상이 추구하는 가치와 방식에, 하등의 마찰, 충돌, 불편함조차 느끼지 못한다면, 우리는 철저히 세상에 속해 있는 것이며, 그 흐름에 순응하여 살아가고 있음을 방증하는 것일 테니까요.

아침에 눈을 뜨는 순간부터, 하나님의 자녀로서, 그리스도인으로서 삶을 살아가려는 다짐에는 무수한 도전이 기다리고 있을 것입니다.[8]

# 고난 속 소망

아담과 이브가 지은 죄가 무엇일까요?

지금의 법률적 잣대로 보면, 사유지에 심어진 과실수의 과일을 마음대로 따서 먹은 무단 침입과 절취 그리고 이 모든 행위를 남에게 뒤집어씌우는 사기 행각이라고 말할 것입니다. 그러나 근원적인 죄는 바로 '불순종'입니다. 하나님의 말씀에 순종하지 않은 것입니다. 그리고 그 저변에는 '하나님처럼'을 넘어 '하나님을 능가하는' 존재가 되겠다는 욕망이 있었습니다.

모든 문제의 근원은 '균형의 깨짐'에서 발생합니다. 질서라는 것도 서로 간의 균형에 대한 약속이며, 누군가 이를 어김으로써 비로소 문제가 발생합니다. 그 어김의 저변에는 '우월성'이 자리를 잡곤 하지요. '내가 더 낫다'라는 근거 없는 우월적 정체성을 가진 자들을 정치하는 무리에서 손쉽게 볼 수 있지 않습니까? 그리고 그곳에는 끊임없이 문제가 발생하고 끈질기게 다툽니다. 멀쩡하던 사람도 그곳에 발을 들이기만 하면 순식간에 동일시되어 나락으로 떨어지는 것을 쉬이 보게 되는 것입니다.

하나님이 우리에게 원하시는 것은 단순하고 명료합니다. 주권자이신 하나님의 말씀에 순종하는 것입니다. 하지 말라고 하신 것을 지켜, 하지 않는 것입니다. 그리고 이를 어겼을 때는, 즉시 자복하고 회개하는 것입니다.[5]

하나님은 무한한 사랑이라는 우리의 무지함이 비참한 결과를 양산합니다. 의도적 잘못에 대해서는 단호하게 벌하시는 하나님입니다. 아담과 이브는 즉시 에덴동산에서 쫓겨났습니다. 가인은 즉시 노동과 척박한 삶을 부여받았습니다. 누적된 죄악들은 홍수를 통해 깨끗하게 벌하셨습니다. 그 이후에도 오만한 잘못에 대한 징벌은 허다합니다. 우리가 받는 고난도 이의 연장선에 있음을 깨닫습니다. 우리가 나만의 길을 고집할 때, 하나님께서는 고난을 통해 옳은 길로 인도하십니다. 그러나 우리가 경계해야 할 것이 있습니다. 욥의 친구들처럼, 타인의 고난에 대해 어설프게 그 이유를 내가 평가하고 정죄하는 것입니다. 그 일은 나의 범주가 아닙니다. 오직 하나님께 속한 일입니다.

토마스 켐피스Thomas A. Kempis는 이를 명료하게 기술했습니다. 하나님이 "택한 자들을 찾아가는 방식에는 두 가지가 있는데, 하나는 시험이고, 다른 하나는 위로이다. …택한 자들을 날마다 교훈하는 방식에도 두 가지가 있는데, 하나는 그들의 악들을 책망하는 것이고, 다른 하나는 덕을 키우도록 권면하는 것이다."[6]

고난 속에서도 소망을 가져야 함을 살펴봅니다. 끊임없이 하나님께 불순종하고 패역한 짓을 하던 유다 사람들에게, 예레미야와 같은 선지자들을 통해 죄악의 행함을 깨닫고 하나님께 순종할 것을 전하지만, 그들은 거부하고 제 방식을 고수합니다. 결국 바벨론의 느부갓네살 왕에게 정복당한 후, 많은 사람이 포로로 끌려갑니다. 예루살렘에 남게 된 자들은 오히려 자신들이 선하고 의로워 남게 된 것으로 착각합니다. 하나님이 예레미야에게 좋은 무화과와 썩은 무화과가 각각 담긴 광주리 둘을 보이시고 말씀하십니다.

> 내가 그들을 돌아보아 좋게 하여 다시 이 땅으로 인도하여
> 세우고 헐지 아니하며 심고 뽑지 아니하겠고
> 내가 여호와인 줄 아는 마음을 그들에게 주어서
> 그들이 전심으로 내게 돌아오게 하리니 그들은 내 백성이
> 되겠고 나는 그들의 하나님이 되리라 예레미야 24:6-7

이처럼 고난 속에서 회개한 "유다 포로를 이 좋은 무화과같이 잘 돌볼 것이라" 말씀하십니다. 그러나 자신들의 잘못을 전혀 깨닫지 못하여 돌이키지 않은 채 예루살렘에 남은 자들을 포함한

그 밖의 사람들에게는, 나쁜 무화과처럼 내버리고 "내가 그들과 그들의 조상들에게 준 땅에서 멸절하기까지 이르게 하리라"라고 단호히 말씀하십니다.

사도 바울을 포함하여 많은 믿음의 선조들이 고백한 것처럼, 고난을 통해 우리의 죄 됨을 깨닫고 하나님께 올바로 돌이킴으로써, 오히려 감사함으로 소망을 가질 수 있을 것입니다.

간담을 서늘하게 하는 천둥, 번개와 함께 요란하게 내리던 폭우도, 먹구름의 때가 지나면 사라지듯이, 지금의 고난도 친히 그 끝을 열어주실 것입니다.

## 브솔 시냇가

우리는 지금 지치고 탈진하여 브솔 시냇가<sup>Besor Brook</sup>에 있을지 모릅니다. 기력이 쇠하여 더는 나아갈 엄두도 내지 못하고 자리에 털썩 주저앉아 망연히 있습니다.

눈물로 소망하였던 아이가
든든한 반쪽이었던 배우자인 남편, 아내가
가족과의 시간까지 양보해가며 진력했던 직장이
밤잠을 쪼개가며 모든 것을 쏟아부었던 사업체가
끝까지 함께 할 줄 알았던 친구가
나의 모든 노력을 다해 양육한 자녀가

허망하게 곁을 떠났습니다.

모든 것을 잃고 남은 것이 하나도 없음을 한탄합니다. 앞으로 나아갈 엄두도 내지 못하고 작은 시냇가에 앉아 기진하여 겨우 목을 축이고 있습니다. 아무런 소망도 없다고 느껴집니다.

    그런데 브솔 시냇가에 참담하게 있던 그들에게 상상도 못 했던 일이 펼쳐집니다. 그들과 헤어져 다윗과 함께 앞서 떠났던 일행이 피랍되었던 모든 가족과 약탈당했던 자산을 가지고 돌아온 것입니다. 그리고 노략질해갔던 자들로부터 빼앗은 물건들을 그들과의 전투에 아무런 일조도 없이 그저 짐만 지키며 기다리고만 있었음에도 관대하게 골고루 나누어 주는 것입니다. 사무엘상 30:1-25

    모든 것을 다 잃었다고 삶을 포기하려고 했던 순간도 있었을 것입니다. 지금, 물 한 모금조차, 몸을 가누기조차 힘든 시간을 보내고 있을지도 모릅니다.

    고개를 들어 십자가를 봅니다. 그곳에 매달려 계신 예수님을, 망각을 깨고, 이제야 인식합니다. 그리고 다시금, 하나님이 은혜로 인도해 주실 것을 깨닫는 것입니다.
    이제
    조용히 마른 입술을 조금씩 움직여 나지막하게 부르기 시작합니다.

     우물가의 여인처럼 난 구했네
     헛되고 헛된 것들을

그 때 주님 하신 말씀 내 샘에 와 생수를 마셔라.

오 주님, 채우소서. 나의 잔을 높이 듭니다.

하늘 양식 내게 채워 주소서.

넘치도록 채워 주소서.


많고 많은 사람들이 찾았었네.

헛되고 헛된 것들을

주 안에 감추인 보배 세상 것과 난 비길 수 없네.

오 주님, 채우소서.

나의 잔을 높이 듭니다.

하늘 양식 내게 채워 주소서.

넘치도록 채워 주소서.


(후렴)

내 친구여, 거기서 돌아오라.

내 주의 넓은 품으로

우리 주님 너를 반겨 그 넓은 품에 안아 주시리.

오 주님, 채우소서.

나의 잔을 높이 듭니다.

하늘 양식 내게 채워 주소서.

넘치도록 채워 주소서.

하늘 양식 내게 채워 주소서.

넘치도록 채워 주소서.

                              – 우물가의 여인처럼

나사로 이야기를 생각합니다. 그가 아플 때 오누이인 마르다와 마리아는 예수님이 빨리 오셔서 고쳐주시기를 바랍니다. 그러나 장사지낸 지 나흘이나 지나서야 오셨고, 그들은 낙담합니다. 그들은 오직 '병 고침 받음'에만 모든 초점을 맞춘 것입니다. 그러나 예수님은 상상하지도 못했던 놀라운 일을 행하십니다. 그를 죽음에서 다시 살리셨습니다.요한복음 11:1-44

이처럼 우리도 사고할 수 있는 범주 내에서만 소망을 품습니다. 그러나 전지하시고 전능하신 하나님은 모든 것을 뛰어넘으십니다. 지금 당장은 이해할 수 없어도, 우리에게 가장 유익한 것으로 응답하시는 것입니다. 그것이 비록 지금은 참담한 '고난'으로 여겨질지라도.

마르틴 부버는 "마침내 우리는 절망이라고 불리는 기름진 토양– 자기를 죽이고 부활시키는 토양– 에 자기 자신을 파묻고 거기서 뿌리를 펼 때, 그때 비로소 전환의 새싹이 움트기 시작하는 것"이라고 했습니다.[12]

사도 바울도 고백합니다. "그러므로 내가 그리스도를 위하여 약한 것들과 능욕과 궁핍과 박해와 곤고를 기뻐하노니 이는 내가 약한 그 때에 강함이라" 고린도후서 12:10

우리는 깨닫습니다. 현재 처해있는 어려움이 우리를 지배할 수 없다는 것을. 하나님께서 쉽게 '고됨'을 허락하지 않으신다는 것을. 그리고 현재의 어려움을 능히 극복하게 하시고, 이를 통해 성장하게 하시며, 결국 합력하여 선을 이루시리라는 믿음으로 나아가는 것입니다. 10, 35

하나님이 아브라함에게 잉태의 축복을 말씀하심에 노쇠한 사라가 자포자기하여 의구심을 가질 때 이르신 것처럼, 현실의 장벽에 갇혀 의심하는 우리에게 다시금 선포하십니다.

"여호와께 능하지 못한 일이 있겠느냐" 창세기 18:14

# 묵상

---

## 제 6 곡

내가 목마르다

Sitio

세자르 프랑크의 오라토리오

중

6악장을 들으며 묵상합니다.

세
자
르

프
랑
크
의

오
라
토
리
오

## 음악적 구성

- 제6곡은 베이스 독창과 합창으로 구성된 가장 긴 악장입니다.
- 첼로 리드로 시작되는 반주에 이어 '목이 마르다'는 예수님의 말씀을 베이스 독창이 처절하게, 인간적으로 표현합니다.
- 짧은 오케스트라 반주에 이어 베이스 독창은 톤을 바꾸어 예수님을 둘러싼 당시의 상황을 상세하게 증언합니다.
- 갑자기 시작되는 격앙된 합창으로 스스로를 구원하라고 예수님을 조롱하여 극적 대비를 나타냅니다.
- '목이 마르다'는 예수님의 말씀을 다시 한번 반복한 후, 유려한 베이스 독창을 통해 구약의 말씀을 인용하여 하나님의 사랑을 상기시킵니다.
- 마지막은 예수님을 조롱하는 합창이 반복되며 강렬한 인상을 남깁니다.

**6**

## 중심 말씀

### 마태복음 27:34,39

쓸개 탄 포도주를 예수께 주어 마시게 하려 하였더니 예수께서 맛보시고 마시고자 하지 아니하시더라 지나가는 자들은 자기 머리를 흔들며 예수를 모욕하여

### 누가복음 23:37

이르되 네가 만일 유대인의 왕이면 네가 너를 구원하라 하더라

### 미가 6:3-4

이르시기를 내 백성아 내가 무엇을 네게 행하였으며 무슨 일로 너를 괴롭게 하였느냐 너는 내게 증언하라 내가 너를 애굽 땅에서 인도해 내어 종 노릇 하는 집에서 속량하였고 모세와 아론과 미리암을 네 앞에 보냈느니라

**Parole 5**

# Sitio

< Prelude >

**Bass Solo**

Sitio

< Interlude >

Dederunt ei vinum
vinum bibere
dederunt ei cum
felle mixtum
Et milites acetum
offerentes ei
blasphemabant dicentes

**Chorus**

Situes Rex Judaeorum
salvum te fac
salvum te fac
salvum te fac
Situes Rex Judaeorum
salvum te fac
salvum te fac
salvum te fac

## 다섯 번째 말씀
# 내가 목마르다

### < 서주 >

### 베이스 솔로

내가 목마르다

### < 간주 >

쓸개 탄 포도주를
마시게 하였더니
예수께서 맛보시고
마시지 아니하시더라
군인들도 나아와
희롱하면서
모욕하여 이르기를

### 합창

네가 만일 유대인의 왕이면
네가 너를 구원하라
네가 너를 구원하라
네가 너를 구원하라
네가 만일 유대인의 왕이면
네가 너를 구원하라
네가 너를 구원하라
네가 너를 구원하라

Situes Rex Judaeorum
Situes Rex Judaeorum
salvum, salvum,
salvum te fac
salvum, salvum,
salvum te fac
Situes Rex Judaeorum
Situes Rex Judaeorum
salvum, salvum,
salvum te fac
salvum, salvum,
salvum te fac
salvum te fac
salvum te fac
salvum te fac
salvum te fac
salvum te fac

**Bass Solo**

Sitio

**< Interlude >**

Popule meus
quid feci tibi

네가 만일 유대인의 왕이면
네가 만일 유대인의 왕이면
네가 너를 구원, 구원,
구원하라
네가 너를 구원, 구원,
구원하라
네가 만일 유대인의 왕이면
네가 만일 유대인의 왕이면
네가 너를 구원, 구원,
구원하라
네가 너를 구원, 구원,
구원하라
네가 너를 구원하라
네가 너를 구원하라
네가 너를 구원하라
네가 너를 구원하라
네가 너를 구원하라

**베이스 솔로**

내가 목마르다

**< 간주 >**

나의 백성아
내가 무엇을 네게 행하였느냐

Populc meus
quif feci tibi
Aut in quo contristavi te
Populc meus
quid feci tibi

Responde mihi
responde mihi
Quia eduxi te de terra aegypti
Parasti crucem salvatori tuo
Salvatori, Salvatori tuo
Populc meus
quif feci tibi
Populc meus
quif feci tibi
Responde mihi

나의 백성아
내가 무엇을 네게 행하였느냐
무슨 일로 너를 괴롭게 하였느냐
나의 백성아
내가 무엇을 네게 행하였느냐

너는 내게 증언하라
너는 내게 증언하라
내가 너를 애굽 땅에서 인도해 내었거늘
너는 구세주께 십자가가 웬 말이냐?
구세주, 구세주께
나의 백성아
내가 무엇을 네게 행하였느냐
나의 백성아
내가 무엇을 네게 행하였느냐
너는 내게 증언하라

# SEXTUS

# 06

다

이루었다

요한복음 19:30

It is finished.

여섯 번째 말씀

# 승리와 소망

"다 이루었다" 요 19:30

———————

이 말씀은 마치 하나님께서 천지 창조를 마치시고 하신 말씀 "보시기에 심히 좋았더라"를 연상케 합니다. 예수님께서는 십자가에서 "다 이루었다" 말씀하심으로 하나님의 창조와 구원을 완성하셨습니다. 그러나 이 말은 끝이 아니라 시작입니다. 예수님이 십자가상에서 높임 받으심으로 하나님의 나라가 임했기 때문입니다. 이제 예수 그리스도를 믿는 믿음 안에서 온 인류는 구원의 은혜를 누리며 살아갈 수 있게 되었습니다.

그러나 우리는 또한 기억해야 합니다. 도래할 하나님 나라가 있다는 사실을 말입니다. 예수님 다시 오실 때 모든 사람을 심판하시고 하나님 나라를 완성하실 것입니다. 그때까지 깨어 기도하며 믿음을 지켜야 하지 않겠습니까? 그래서 예수님은 지금도 발 뻗고 쉬지 못하시고 하나님 보좌 우편에서 우릴 위해 중보하고 계신 것입니다.

　리차드 노이하우스는 예수님의 말씀을 두고 "다 이루었다, 하지만 끝난 것은 아니다"라고 말합니다. 여러분, 끝나지 않았습니다. 또 사도 바울은 이렇게 말합니다.

　"나는 이제 너희를 위하여 받는 괴로움을 기뻐하고 그리스도의 남은 고난을 그의 몸된 교회를 위하여 내 육체에 채우노라"(골 1:24) 이제 주님 받으신 고난의 잔을 우리가 받아 마시며 하나님 나라를 세워 가야 하는 줄 믿습니다.

# 무엇을 이루셨나요?

"다 이루었다"라고 말씀하셨습니다. 그러면 예수님은 무엇을 이루신 것일까요? 그것은 우리가 구원을 받는데, 그리스도인으로 살아가는데 필요한 모든 것을 이루셨다는 의미입니다. 너무도 당연하고 진부하기까지 한 표현인가요?

그렇다면 구원받은 강도처럼 낙원에 있기 위해 필요한 것이 무엇이란 말인가요? 그 필요충분조건을 우리가 낱낱이 알고 있나요? 설령 그렇다고 해도 우리가 인식하는 조건을 모두 충족시키면 구원에 이르는 것일까요?

이 의문의 답은 성경에 명확히 기록되어 있습니다. 구원받은 강도처럼, 단 한 가지만 믿으면 되는 것입니다. 즉 '예수님을 통해서' 구원받는다는 것입니다. 그 이유는 예수님이 구원을 위해 필요한 모든 것을 '다 이루셨기' 때문입니다. 도덕적, 윤리적으로 나열되는 선행을 많이 해야 하는 것이 구원의 선결이라는 등식을 모두 깨뜨리신 것입니다. 우리를 대신하여 십자가에서 죽으심으로, 우리의 악함과 죄악에도 불구하고 예수님을 통해 낙원에 있을 수 있게 된 것입니다.

이러한 구원의 은혜로, 이 믿음으로 우리는 그리스도인으로 살아갈 수 있는 것입니다. 예수님이 이미 "나와 낙원에 있으리라" 말씀하셨는데, 우리가 근심하고 걱정할 것이 무엇이 있단 말입니까? 이 믿음 때문에 평안할 수 있고, 자유로울 수 있지 않겠습니까? 그리고 이 믿음 때문에 감사해서, 내가 좀 손해를 보고, 불편한 대접을 받는다고 해도 넉넉히 감당할 수 있지 않을까요? 물론, 이 믿음으로 인하여 세상을 살아감, 그 자체가 순탄하고 평탄해지지는 않을 것입니다. 고통, 실패, 좌절, 질병 등 살아가며 맞닥뜨리는 모든 문제에서 벗어나 초월적 삶을 살 수 있는 것도 아닐 것입니다. 그러나 우리는 이러한 도전들에 응전할 수 있는 명확한 근거를 가지고 있음을 확인한 것이고, 이 믿음의 확신을 통해 담대히 감당할 수 있을 것입니다.

이처럼 구원과 참된 그리스도인으로 살아감을 위해 해야 하는 강제를 모두 벗어나, 예수님은 우리가 '해야만 하는 모든 것'을 대신 '다 이루신' 것입니다.

하나님이 우리를 부르시는 그날까지, 이 세상에서 해야 할 일은 위와 같은 믿음이 머리에만 머물러있지 않고, 가슴에 녹아 들어가 각 지체로 이어지도록, 또한 삶의 터전에서 살아 역사하심을 체험하는 은혜 속에 거할 수 있도록 기도하며 나아가는 것입니다.

# 사적 기대와의 괴리

"다 이루었다"

십자가에서 예수님이 이 말씀을 하셨을 때, 곁에 있던 요한을 비롯하여 주변 사람들은 의아했을지도 모릅니다.

미래에 자신이 어떤 자리에 오를지 서로 언쟁하던 제자들.

로마와 위정자들의 수탈과 핍박에서 벗어나게 해줄 해방자를 기대했던 이들.

새로운 하나님 왕국을 실현할 강력한 왕을 기다리던 사람들.

그들은 각자, 예수님에 대한 우상을 만들었던 것입니다. 개개인이 원하는 것을 만족시켜줄 역할자로 특정하였던 것입니다. 예수님이 왜 이 땅에 오셨고, 전하시는 말씀의 중심 의미가 무엇인지는 관심이 없었습니다. 그가 행하는 기적을 보며 '권능을 가진 자', '내가 원하는 것을 이루어 줄 수 있는 자'로만 스스로 규정해 버린 것입니다. 작은 기대에서 출발한 것이 거대한 야욕으로 커져 버렸습니다. 그러나 예수님은 그들의 어떤 세속적 욕망도 충족시켜 주신 것이 없었습니다.

예수님은 그들의 모든 사적 기대를 저버리고 현재 십자가에 매달려 계신 것입니다. 그리고 예수님은 더 나아가, "다 이루었다."라고 말씀하신 것입니다.

가룟 유다는 이미 오래전에 간파했습니다. 예수님은 자신이 원하는 형태의 대상이 아님을. 그것을 깨닫는 순간, 그동안의 고생에 대한 보상은커녕, 아무런 유익도 얻지 못하리라는 현실적 배신감을 느꼈을 것입니다. 유다뿐만이 아니라 따르던 허다한 사람들도, 시간이 흘러감에 따라, 자신들이 만든 우상의 옷이 예수님과 맞지 않는다는 것을 깨닫기 시작한 것입니다.

결국, 세속적 욕구에 대한 자포자기와 강팍한 현실의 수용에 대한 절망, 그 한가운데 있던 저들에게는 십자가에서 하신 말씀이 뜻밖이었을 것입니다.

자문해 봅니다. 혹시 내가 성취하고자 하는 사적 야망을 이루어주실 존재로 예수님을 우상화하고 있지는 않은가요? 우리는 무언가를 이루기 위해 지금도 고군분투하고 있습니다. 그런데 문득 '그것을 왜?' 하고 물으면, 그 중심에 하나님이 계신가요? 하나님께 영광은커녕 전혀 무관한 일을 이루기 위해 기진하고 있지는 않은가요? '나 자신을 위해'라 외치고, 허망한 것을 구하며, 자신에게 채찍질을 가하고 있지는 않습니까? 오로지 자신의 불확실한 영광만을 위해서 말입니다.[4]

167

# 승리의 선포

우리를 어떻게 사랑하셨나이까?말라기 1:2 라는 그들의 물음에 하나님은 400년간 침묵하신 후, 그 답을 이루어내셨습니다. 예수님의 십자가 죽음을 통해 하나님은 우리의 죄를 용서하실 수 있게 된 것입니다. '사랑하는 아들의 죽음을 통한 구원의 실현'. 이보다 더 큰 사랑이 있을까요? 스탠리 하우어스의 표현대로 '다 이루었다'는 승리의 외침이요, 이루려고 한 일을 완수했다는 승리의 선포입니다.[33]

하나님께서 인간을 지으신 목적을 리처드 벡스터는 다음과 같이 아름답게 표현했습니다.

> 인간으로 하여금 거룩한 천사들과 함께 하나님의 영광스러운 위엄을 바라보는 가운데, 영원토록 하나님을 찬송하고, 하나님을 사랑하며, 하나님의 사랑으로 충만한 저 지극히 복된 상태로 살아가게 하기 위한 것… [59]

이것이 바로 우리가 하나님과 온전한 관계 속에 살아가는 삶

일 것입니다. 그런데 하나님께서 계획하셨던 풍요로운 삶은 아담과 이브가 하나님께 불순종함으로써, 모든 것이 어긋나버렸습니다. 하나님과의 온전한 관계가 파괴된 것입니다.

이처럼 예수님이 십자가에서 죽음을 치러야 했던 이유는, 우리가 갚아야 할 빚이 있었기 때문입니다. 그런데 예수님이 친히 그 벌을 받으시므로 인류를 구원하실 수 있게 된 것입니다.[53] 예수님의 희생은 우리의 모든 빚을 초과하는 선물이었습니다. 그리고 우리 죄는 소각되었습니다. 하나님은 오직 자신만이 끝낼 수 있는 일을 완성하신 것입니다.[33]

대부분의 종교는, 죽음 이후 내세에 대비하려면 착하게 살아야 한다고 주장합니다. 그런데 막상 죽음이 닥쳐오면, 우리는 모두 최선의 삶과는 동떨어지게 살았음을 깨닫습니다. 그러니 '죽음'이라는 단어만으로도 두려움에 떠는 것이 당연합니다. 그런데 우리 그리스도인은 다릅니다. 팀 켈러가 너무도 담대하게 표현했습니다.

예수 그리스도께서 죽음을 이기셨기에 이제 죽음이 할 수 있는 일이라고는 우리를 지금까지 보다도 더 행복하고 더 사랑받는 존재가 되게 하는 것뿐이다. 예수님이 당신을 위해 죽으시고 부활하여 당신의 살아 계신 구주가 되셨을진대 죽음이 당신에게 무엇을 어찌하겠는가?[50]

이처럼 죽음의 권세를 모두 무력화시키시며, 십자가에서 예수님은 이 땅에 오신 목적을 모두 완수했다는 승리의 선포를 하신 것입니다.

# 길 위에 있는 사람

노이하우스Richard John Neuhaus는 "다 이루었다(It is finished) 하지만 끝난 것은 아니다(It is not over)"라고 말합니다.1 스탠리 하우워스는 다음과 같이 그 의미를 설명합니다.

> 왜 끝나지 않았는가? 그것은 하나님이 우리를, 교회를, '끝나지 않은 것'으로 만드셨기 때문이다. 우리는 증인이 되었다. 그것은 세상, 즉 십자가에 못 박힌 하나님에 대해 시간을 낼 여유가 없는 세상으로 하여금 우리가 서로 평화롭게 살아갈 수 있는 하나님 나라의 모든 시간을 언제나 소유하고 있다는 점을 알게 하기 위해서이다.33

예수님이 이 땅에 친히 오셔서 십자가 죽음을 통하여 하나님과 깨어진 관계를 회복시키셨고, 예수님을 통해 하나님께 온전히 나아갈 수 있게 된 것으로, 우리의 구원과 현실적 삶도 모두 이루어져 끝나버린 것이 아닙니다. 우리는 지금 세상 속에서 분투하며 살아가고 있습니다. 그리스도인은 이미 도달한 자가 아니라, 이 생애 동안 항상 '그리스도의 추종자'요 그 '가르침'을 따

르는 자로서, 길 위에 있는 사람이라는 오스 기니스의 표현이 적
절합니다.[30]

그런데 생각해 봅니다. 혹시 지금, 벡스터가 말하는 모습으로
오만하게 세상을 살아가고 있지는 않은가요?

회심에 대해서 말하면, 그들은 회심은 자신들과는 이제 상관
없는 일이라고 생각해서, 아예 들을 생각조차 하지 않고 뒤돌
아서서 가버립니다. 왜냐하면, 그들은 자신들은 이미 회심해
서 구원의 길을 걷고 있는 까닭에, 지금 자신들이 발을 딛고 있
는 그 길에서 실족하여 크게 넘어지지만 않고 무난히 걸어가기
만 한다면, 반드시 천국에 다다르게 될 것이라는 잘못된 확신
과 소망 속에서 살아가고 있기 때문입니다.[59]

유대 민족은 하나님께 택함 받은 종족이라는 자부심이 대단
했습니다. 그러나 이러한 정통성, 당위성은 우월적 정체성으로
비약되고 고착화되어, 견고한 틀을 형성하였습니다. 결국 그들
의 눈과 귀를 멀게 하여, 이 땅에 오신 예수님을 십자가에 못 박
았습니다.

말의 안장은 옆에서 보았을 때 앞뒤로 오목한 곳에 라이더가
앉게 되므로 안정적으로 보입니다. 그러나 정면에서 보면 좌우

로 볼록한 위치에 앉아있는 불안정한 상태입니다. 물리적으로 동적인 시스템이 시간에 따라 변하지 않는 해를 가질 때를 평형 상태라고 하면, 수학적으로 안장점saddle point 은 불안정한 것으로 정의합니다.

불안정함(아직 끝나지 않음)이 안정함(천국이 확정됨)으로 착시를 일으키는 것처럼, 그리스도인의 삶은 말안장에서의 모습과도 유사합니다. 그래서 사도 바울은 "내가 내 몸을 쳐 복종하게 함은 내가 남에게 전파한 후에 자신이 도리어 버림을 당할까 두려워함이로다"고린도전서 9:27라며, 끊임없이 자신 속에 오만하게 싹트는 자아를 경계하였습니다.

# 이루어야 할 일

하나님은 애굽에서 이스라엘 백성들을 이끌어 내셨고, 가나안 입구에 이르렀을 때, 그들은 스스로 판단하여 가나안인들을 이기지 못할 것이며, 그곳을 차지하지 못할 거라 결론 내며, 하나님을 원망합니다.

하나님의 약속을 믿지 못한 자들은 다시 시작된 40년의 광야 생활을 통해, 결국 깨끗이 정리됩니다. 그리고 그 과정을 통해 하나님의 역사하심을 듣고 보고 자란 다음 세대가 다시 가나안 입구에 다다릅니다. 이번에는 그 누구도 가나안인 들을 두려워하거나 그들과의 전투를 주저하지 않습니다.[3]

하나님은 약속하신 땅인 가나안을 모두, 그 땅 전체를 깨끗하게 하라고 하십니다.

이스라엘 자손에게 말하여 그들에게 이르라 너희가 요단강을 건너 가나안 땅에 들어가거든 그 땅의 원주민을 너희 앞에서 다 몰아내고 그 새긴 석상과 부어 만든 우상을 다 깨뜨리며 산당을 다 헐고 그 땅을 점령하여 거기 거주하라 내가 그 땅을 너

희 소유로 너희에게 주었음이라 민수기 33:51-53

이처럼 하나님만을 섬기는, 하나님이 주권자이신 국가를 세워, 주변 나라들이 하나님 백성의 삶을 통해 '참 하나님 되심'을 볼 수 있게 되기를 원하신 것입니다.[19]

당시 그들 앞에 펼쳐져 있던 가나안의 적나라한 실상과, 하나님 보시기에 가증스러움이 정점에 이른 모습 그리고 이를 경계하는 말씀이 신명기에 상세히 기록되어 있습니다.

> 네 하나님 여호와께서 네게 주시는 땅에 들어가거든 너는 그 민족들의 가증한 행위를 본받지 말 것이니 그의 아들이나 딸을 불 가운데로 지나게 하는 자나 점쟁이나 길흉을 말하는 자나 요술하는 자나 무당이나 진언자나 신접자나 박수나 초혼자를 너희 가운데에 용납하지 말라
> 이런 일을 행하는 모든 자를 여호와께서 가증히 여기시나니 이런 가증한 일로 말미암아 네 하나님 여호와께서 그들을 네 앞에서 쫓아내시느니라 신명기 18:9-12

가나안 정복은 세계사 속에서 흔히 볼 수 있는, 세속적인 약탈과 노예화를 위한 제국주의적 정복이 아니었습니다. 또한 유

대민족을 제외한 타민족을 제거하는 인종 청소는 더더욱 아니었습니다. 그곳에 살고 있던 가나안인 스스로도, 심판을 받는 것이 마땅함을 인정했듯이, 타락한 그들의 종교적 광포함이 유대 민족에게 영향을 미치지 못하도록 정결케 하는 영적 전쟁이었던 것입니다.[19]

그것이 바로 그들이 '다 이루어야 하는', 이루어 나가야 할 일이었습니다.

## 순종의 소망

이스라엘 백성들은 하나님 뜻에 순종하며, 가나안 땅을 점령해 나갑니다. 그러나 시간이 흐름에 따라, 스스로의 판단과 결정이 우선하는 일들이 늘어갑니다. 너무 강대하다고 느껴지면 포기해 버리는 것이었습니다. 이러한 포기 선언은 온전한 약속의 국가 건설을 불가능하게 하였고, 결국 잔존하게 된 가나안 인들과의 동거는, 이스라엘 백성들을 우상 숭배와 종교적 혼탁 상황으로 내몰아가게 됩니다.

결국 주권자이신 하나님을 향한 사랑과 순종의 발걸음을 방해하는 걸림돌로, 끊임없는 아픔을 겪어내야 했습니다. 이 모습이 신명기에 안타깝게 기록되어 있습니다.

또 여호와께서 모세에게 이르시되 너는 네 조상과 함께 누우려니와 이 백성은 그 땅으로 들어가 음란히 그 땅의 이방 신들을 따르며 일어날 것이요 나를 버리고 내가 그들과 맺은 언약을 어길 것이라

내가 그들에게 진노하여 그들을 버리며 내 얼굴을 숨겨 그들에게 보이지 않게 할 것인즉 그들이 삼킴을 당하여 허다한 재

앙과 환난이 그들에게 임할 그 때에 그들이 말하기를 이 재앙
이 우리에게 내림은 우리 하나님이 우리 가운데에 계시지 않은
까닭이 아니냐 할 것이라

또 그들이 돌이켜 다른 신들을 따르는 모든 악행으로 말미암
아 내가 그 때에 반드시 내 얼굴을 숨기리라

그러므로 이제 너희는 이 노래를 써서 이스라엘 자손들에게 가
르쳐 그들의 입으로 부르게 하여 이 노래로 나를 위하여 이스
라엘 자손들에게 증거가 되게 하라

내가 그들의 조상들에게 맹세한 바 젖과 꿀이 흐르는 땅으로
그들을 인도하여 들인 후에 그들이 먹어 배부르고 살찌면 돌
이켜 다른 신들을 섬기며 나를 멸시하여 내 언약을 어기리니

그들이 수많은 재앙과 환난을 당할 때에 그들의 자손이 부르
기를 잊지 아니한 이 노래가 그들 앞에 증인처럼 되리라 나는
내가 맹세한 땅으로 그들을 인도하여 들이기 전 오늘 나는 그
들이 생각하는 바를 아노라 신명기 31:16-21

하루하루의 삶 속에서, 하나님의 뜻과 말씀의 행함에, 너무
쉽게 포기를 선언하는 우리의 모습을 떠올려 봅니다. 그러나 연
약함으로 인한 위축된 모습을 "하나님은 우리를 순종할 수 없
는 자리에 절대로 두지 않으실 것이다. 우리가 정말로 '할 수 없
는' 순간은 절대로 없다"라는 팀 켈러의 고백과[19] 함께 극복해갑

니다. 그리고 "오직 하나님은 미쁘사 너희가 감당하지 못할 시험 당함을 허락하지 아니하시고"고린도전서 10:13라는 사도 바울의 믿음을 통해, 기도하며 담대히 나아갑니다.

다시금 자신을 돌아봅니다. 나이 때문에, 건강 때문에, 경제적 여건 때문에… 그 외의 많은 이유를 나열하며, 이미 모든 것이 끝났다고 푸념하고 있을지 모릅니다. 그러나 이미 끝나 버린 것이 아닙니다. 하나님이 우리를 감동케 하시고 마음에 뿌려진 소망의 씨앗은 반드시 하나님이 키우시고, 수확의 기쁨을 주실 것입니다. '그 때'는 내가 아니라 하나님이 정하실 것입니다. 성경에 기록된 수많은 확증을 보며 깨닫습니다. 우리가 진정 믿음 안에 거할 때 하나님은 반드시 '모두 이루신다는 것'을.

그리고 우리가 나아가는 길은 단지 세속적인 죽음이라는 종착지를 향해 떠밀려가는 삶이 아닙니다. 예수님이 십자가에서 하신 말씀의 의미와 같이, 우리는 오스 기니스Os Guinness의 표현처럼, 부활의 소망을 가지고 그날을 향해서 담대히 가는 것입니다.

죽음이라는 최후의 부르심이 세속적인 관점에서는 종결을 의미하지만, 영적인 관점에서는 인생의 절정이라는 것이다.

우리는 평생에 걸쳐 여행을 한 다음 드디어 집에 도착한다.

수십 년 동안 목소리만 들어오다가 이제는 얼굴을 보고 실체를 느끼게 되는 것이다.

부르신 분은 우리의 아버지이고, 마지막 부르심은 집으로의 부르심이다.[30]

# 묵상

---

## 제 7 곡

다 이루었다

Consummatum est

세자르 프랑크의 오라토리오

중

7악장을 들으며 묵상합니다.

## 음악적 구성

- 제7곡은 합창과 테너 독창으로 진행됩니다.
- 오보에 리드로 시작되는 오케스트라 반주에 이어, '다 이루었다'는 말씀을 아카펠라의 합창으로 반복하여 선포합니다.
- 하프와 금관이 어우러지는 반주 후, 합창으로 이를 부연하여 증거합니다.
- 짧은 테너 독창이 다시 한번 이 사실을 강조한 후, 이어지는 합창은 예수님이 우리 죄를 대속하심을 담담히 증거하며 마무리합니다.


## 중심 말씀

**요한복음 19:30**
예수께서 신 포도주를 받으신 후에 이르시되 다 이루었다 하시고 머리를 숙이니 영혼이 떠나가시니라

**베드로전서 2:24**
친히 나무에 달려 그 몸으로 우리 죄를 담당하셨으니 이는 우리로 죄에 대하여 죽고 의에 대하여 살게 하심이라 그가 채찍에 맞음으로 너희는 나음을 얻었나니

**이사야 53:4,5**
그는 실로 우리의 질고를 지고 우리의 슬픔을 당하였거늘 우리는 생각하기를 그는 징벌을 받아 하나님께 맞으며 고난을 당한다 하였노라
그가 찔림은 우리의 허물 때문이요 그가 상함은 우리의 죄악 때문이라 그가 징계를 받으므로 우리는 평화를 누리고 그가 채찍에 맞으므로 우리는 나음을 받았도다

**Parole 6**

# Consummatum est

< Prelude >

**Chorus**

Consummatum est

< Interlude >

consummatum est

< Interlude >

Peccata nostra ipse pertulit
in corpore suo super lignum

< Interlude >

ut, peccatis mortui
justitiae vivamus

**Tenor Solo**

Vere, vere, languores nostros
languores nostros ipsetulit

**여섯 번째 말씀**

# 다 이루었다

< 서주 >

**합창**

다 이루었다

< 간주 >

다 이루었다

< 간주 >

친히 십자가에 달려 그 몸으로
우리 죄를 담당하셨으니

< 간주 >

우리로 죄에 대하여 죽고
의에 대하여 살게 하려 하심이라

**테너 솔로**

그는 실로 우리의 질고를 지고
우리의 슬픔을 당하였거늘

**Tenor Solo**

Vere, vere, languores nostros
languores nostros ipsetulit

**Chorus**

Vere, vere, languores nostros
languores nostros ipsetulit
vere, vere, languores nostros
languores nostros ipsetulit
et livore eius sanati sumus
et livore eius sanati sumus

**< postlude >**

**테너 솔로**

그는 실로 우리의 질고를 지고
우리의 슬픔을 당하였거늘

**합창**

그는 실로 우리의 질고를 지고
우리의 슬픔을 당하였거늘
그는 실로 우리의 질고를 지고
우리의 슬픔을 당하였거늘
그가 채찍에 맞으므로 우리는 나음을 받았도다
그가 채찍에 맞으므로 우리는 나음을 받았도다

< 후주 >

# SEPTIMUS

# 07

아버지

저들을 사하여 주옵소서

자기들이 하는 것을 알지 못함이니이다

누가복음 23:34


Father,

forgive them,

for they do not know what they are doing.

일곱 번째 말씀

# 부활과 담대한 삶

"아버지 내 영혼을
아버지 손에 부탁하나이다" **눅 23:46**

———

이 말씀은 죽음을 앞둔 수많은 그리스도인들의 입에서 고백되어지는 말씀입니다. 여러분도 숨이 멎는 순간에 이 고백을 드리게 될 겁니다. 그런데 이 고백이 중요한 이유는, 우리로 하여금 죽음 앞에서 두려워할 것은 아무것도 없다는 확신을 주기 때문도 아니고, 예수님이 타인을 위해서 기꺼이 희생하셨다는 희생의 가치 때문도 아닙니다. 그것은 바로 하나님이 죽으셨기 때문입니다. 하나님의 아들 예수 그리스도, 인간의 몸을 입고 온 하나님이 이 말씀을 하시고 숨을 거두셨기 때문입니다. 이것은 실제적인 죽음이었습니다. 그래서 시편 기자는 이를 예언하며 이렇게 기도했습니다.

"주는 나의 반석과 산성이시니 그러므로 주의 이름을 생각하셔서 나를 인도하시고 지도하소서 그들이 나를 위하여 비밀히

친 그물에서 빼내소서 주는 나의 산성이시니이다 내가 나의 영을 주의 손에 부탁하나이다 진리의 하나님 여호와여 나를 속량하셨나이다" 시 31:3-5

우리도 언젠가 죽을 것입니다. 하지만 십자가에 달리신 예수님의 공로 때문에 우리는 죽을 때에도 확신을 가지고 기도할 수 있습니다.

"아버지 내 영혼을 아버지 손에 부탁하나이다"

이 믿음의 고백이 우리의 고백이 되길 바랍니다.

# 제가 무엇이건대

예수님이 운명하시자 칠흑 같은 어둠이 덮혔습니다. 빛과 어둠의 급격한 만남은 무관심으로 흘러가던 이들을 흔들어 깨웠습니다. 십자가 밑에 서서, 예수님을 지키고 있던 로마 군인인 백부장은, 이는 진실로 하나님의 아들이었도다 마태복음 27:54 라고 그 깨달음을 고백합니다.

알베르 카뮈가 작품에서[43] "누구에게나 찾아오는 죽음. 그러나 각자에게는 저마다의 죽음. 하여간 그렇기는 해도 역시 태양은 우리의 뼈를 따뜻하게 데워준다."라는 구절을 툭 던집니다. 개별적 죽음은 어느 시대를 막론하고 개인 삶의 종착지로 불가피하고, 상시적이며, 특별한 것 없다는 느낌은 로마 군인이라는 입장에서는 더욱더 심드렁하게 흘러가게 했을 것입니다. 그러나 예수님의 십자가 죽음을 가까이서 목격한 백부장의 삶은, 이후, 근원적인 물음과 탐구가 이어지며, 분명 달라졌을 것입니다.

갈릴리에서 한 무리가 고침 받기를 원하는 사람을 데려왔을 때, 그를 따로 데리고 가서서 예수님이 하늘을 우러러 탄식하시며 귀먹고 말 더듬는 자에게 이르시되 에바다 Ephphatha 하시니 그의 귀가 열리고 혀가 맺힌 것이 곧 풀려 마가복음 7:31-37 온전히 치유되었듯이, 백부장의 눈과 영도 비로소 열렸을 것입니다.

다윗이 사울 왕에게 쫓겨 무리와 함께 정처 없이 도망 다닐 때입니다. 너무 지치고 힘들어 예전 가족과 함께 살던 베들레헴이 몹시 그리운 날이었습니다. 주위 목초지에서 양을 돌보며 더위에 지친 그를 해갈 시켜주던 당시의 시원한 우물물을 떠올리다 주체하지 못하고 그 물을 너무 마시고 싶다고 외칩니다. 그 말을 들은 세 명의 용감한 병사들이 당시 팔레스타인에 점령당한 그곳에 위험을 무릅쓰고 다녀옵니다. 그 물을 받아든 다윗이 말합니다. "이런 사랑을 받을 분은 오직 하나님밖에 없는데, 내가 무엇이건대."

하물며 아무 자격 없는 나를 위해 예수님이 이 땅에 오셔서 온갖 고난을 받으시고, 십자가 죽임을 당하신 것에, 이제 우리도 눈물로 고백합니다.

"제가 무엇이건대"

# 구원받은 자

예수님이 십자가에서 마지막 말씀으로 하신 '내 영혼을 아버지께 내어 맡깁니다'라는 기도를, 모든 것을 끝마친 종결로만 생각했었습니다. '마지막'이라는 아련함만 파편화되어 남았었습니다. 그러나 이후에, 그 누구도 상상하지 못했던 부활의 역사가 이어졌고, 죄 사함과 거듭남이 이루어지는 구원의 실현이었음을 벅차게 깨달은 것입니다.

이처럼 구원의 완성과 새로운 소망으로 명시화될 때 비로소, 유진 피터슨처럼, 마지막이 아니라 시작점에서 드리는 기도로 전환되는 것입니다. "이 기도는 우리가 임종을 맞이할 때까지 남겨두는 기도가 아니다. 우리의 영혼을 포기하면서 마지못해 드리는 단념의 기도가 아니다. 우리는 아침에 잠자리에서 일어날 때 이 기도를 드린다. 주어진 또 하루의 생명을 살아내고, 집을 페인트 칠하 … 면서 우리는 기도한다."25

'내 영혼을 아버지께 모두 내어 맡깁니다'라는 기도는 일상의 고백으로 확장되는 것입니다. 하루 하루 새롭게 이어지는 삶 속에서 직면하는 다양한 도전에 대하여, '그리스도인다움'으로 대응해가는 의연한 모습으로 구체화 되는 것입니다. 모든 것을 전적으로 하나님께 내어 맡기고 나아갈 때에만 체험할 수 있는 은혜받음의 고백이 되는 것입니다. 팀 켈러는 구원받은 그리스도인의 모범을 다음과 같이 보여줍니다.

> 그리스도인은 하나님의 사랑과 인정을 확신한다. 하나님은 그리스도 안에서 우리를 기뻐하신다. 그래서 그리스도인은 간절히 하나님께 순종하기 원한다. 자신을 위해서가 아니라 하나님께 감사해서. 하나님의 구원을 얻어내기 위해서가 아니라 이미 자신을 구원해 주셨음을 알기 때문이다. … 우리가 하나님의 방식대로 살아감은 그분의 자녀가 되기 위해서가 아니라 이미 그분의 자녀이기에 감사해서다.[18]

이를 좀 더 부연해서 생각해 봅니다. 예수님이 십자가에서 죽으심으로 우리의 죄가 용서받았다는 사실 뿐만 아니라 우리가 알아야 할 기쁜 소식은, 예수님이 우리를 대속하여 십자가에 죽기까지 순종하심으로, 우리도 '하나님께 받아들여질 만한 사람'으로 칭함 받았다는 사실입니다. 의롭게 사는 노력과 그 결과가 충족되어 구원받는 자가 되는 것이 아니라는 것입니다.

그러나 우리가 경계해야 하는 것이 있습니다. 죄의 본질은 하나님 없이 살려는 것이기 때문에, 죄악을 범한 경우에는 즉시 자복하여 회개해서 용서를 받아 하나님께로 돌아와야 한다는 것입니다. 회개가 없으면, 즉 하나님께로 즉시 돌아오지 않으면, 점점 하나님에게서 멀어져서 죄악 가운데 있게 됩니다. 〈한때 그리스도인〉으로 살아가는 것을 의미하는 것입니다.

예수님과 동행하는 삶에서 평안함과 자유함을 누리면서, 예수님이 권면하신 가르침을 따라 실천하며 나아가는 것. 이 아름다운 삶에서 감사한 것은, 실천해야 하는 무거운 의무를 져야 하는게 아니라, 예수님의 가르침을 준행할 능력 또한 함께 주신다는 것입니다.

끝날까지 죄 됨에 위축될 필요 없이, 가르침의 준행에 조바심을 낼 것 없이, '선한 사마리아인처럼'이라는 그리스도인을 입증하려는 강박에 시달릴 필요조차 없이, 오직 '구원받은 자'로서 감사함으로 나아가면 되는 것입니다.

# 하나님의 자녀 됨

예수님은 '내 영혼을 내어 맡기나이다'라는 말씀만을 남기고 홀연히 떠나가신 것이 아니었습니다. 그분은 다시 살아나셨고, 사랑하는 제자들과 시간을 함께 나누시고, "내가 너희에게 분부한 모든 것을 가르쳐 지키게 하라 볼지어다 내가 세상 끝날까지 너희와 항상 함께 있으리라" 마태복음 28:20 말씀하시고 승천하셨습니다.

이처럼 예수님은 지금도 우리와 함께 현존하시며, 역사하고 계신다는 믿음에 근거하여, 세상에 임하는 연약한 우리를, 존슨 Kristen Deede Johnson은 다음과 같이 격려하고 있습니다.

성령이 알리시고 성령에 힘입은 예수그리스도의 사역이 지속된다는 것은 다른 사람들을 구원하거나 세상을 구원하는 일이 우리에게 달려 있지 않음을 말해 준다. … 달리 말하면, 우리는 위기를 극복하거나 문화를 구원할 영웅으로 부름 받지 않았다. … 우리의 이야기는 그리스도와 성령안에서 하나님의 은혜로 구별된 하나님 자녀로 사는 이야기다. 이를 알면 자세가 완전히 달라진다. 다른 사람들의 영혼도 우리 사회 여러 제도

의 상태도 궁극적으로 우리 손에 있지 않다. 우리의 성도됨, 즉
예수님의 제자라는 지위도 행위와 노력에 달려 있지 않다. 우
리는 이미 하나님의 사랑받는 거룩한 자녀들이다. 우리가 하
나님 나라를 먼저 구하는 것은 우리 공로로 하나님 가족의 일
원이 되기 위해서가 아니라, 이미 양자 되어 하나님의 가족으
로 받아들여졌기 때문이다.[51]

아담과 이브가 범죄 하던 현장을 생각해 봅니다. 사탄의 유혹
은 그지없이 달콤하지 않았을까요? 아마존에 산다는 거대한 뱀
처럼, 완력을 이용해 강제로 죄악을 행하도록 하지 않았을 것입
니다.

프랑스 작곡가 생상스의 오페라 '삼손과 데릴라' 중에서, 유명
한 아리아인 '그대 목소리에 내 마음 열리고 Mon cœur s'ouvre à ta voix'
를 들으면, 삼손이 비밀을 털어놓을 수밖에 없었겠다는 생각이
저절로 들 정도로 유혹의 달콤함, 그 극치를 보여줍니다.

이처럼 하나님의 자녀 된 우리에게 다가오는 죄악의 유혹에
전심을 다 해 경계해야 함을 생각해 보는 것입니다. 그런데, 자
기 경계가 너무 지나쳐, 순전한 그리스도인만, 내가 선별한 사람
들과만 교제하는 것이 하나님 보시기에 합당한 일일까요?

# 배제와 안주를 경계함

우리는 수없이 배제하고 또한 배제되며 살아갑니다. 거부되는 아픔을 뼈저리게 느끼기도 하고, 의식적으로 혹은 무의식적으로 그를 타자화하며 배척하기도 합니다. 배제의 기저에는 '다름'이 있습니다. 나와 다름, 우리와 다름.

다름이라는 공고한 경계로 구획되어 확보된 영역 안으로 '받아들임'이 철저히 거부되는 것입니다. 그렇다면 경계 안의 영역을 포괄하는 정체성은 무엇일까요? 비슷함을 넘어 '같음'으로 여겨지는 무언가가 있는 것일까요? 구획 안을 자세히 살펴보면 역시 그 안에도 '다름'이 존재함을 깨닫게 됩니다. 그럼에도 '확연히 다름'과는 다르다고 강변할 수 있을까요?

'수용하여 포함시키는 것을 거부함'의 기저에 상대적 우월감으로 포장된 정체성이 도사리고 있을 때, 타인뿐만 아니라 하나님도 나의 삶에서 거부하고 제외시키게 됩니다. "일어나 잡아먹으라"<sup>사도행전 10:13</sup> 라는 말씀과 함께 베드로에게 일어났던 일을 기억합니다. 만약 그의 완고함이 이겼다면, 고넬료와 그 집안이 성령 충만하고, 이방 지역에 복음이 전해지는 역사가 일어났을까요?

완전하게 거부한 강도가 아님에도, 모호한 정체성의 차이로 그들을 배제하고, 우리끼리만의 테두리 안으로 우리들만 불러들이는 실수를 경계하는 것입니다. 마르틴 부버는 참다운 신앙은 사람을 하나님에게로 '불러들이는' 것만이 아니라 하나님에게서 '내어 보내는' 특질을 갖추고 있다고 했습니다. 또한 우리는 자칫 하나님의 말씀을 실현하지 않고, 그저 하나님에게로 귀착하려고만 하며, 응당 상대해야 할 세상에 등을 돌리고 오직 하나님만을 상대하려고 한다고 삼가는 말을 덧붙입니다. 이제 우리만의 구획된 터를 벗어나, 힘을 기울이고 생활을 통해서 자꾸만 새롭게 하나님의 사랑을 세상 속에서 나누어야 합니다. 그때 우리는 비로소 하나님과 올바른 관계에 놓일 것입니다.[12]

그리스도인으로 산다는 것이, 이런저런 마찰을 피해 한구석에서 은밀하게 이루어지는 소극적 삶을 지향하는 것은 분명 아닐 것입니다. 세상과 구분되어 고립된 섬 안에 안주하는 것이 아니라, 그리스도인은 세상의 소금과 빛의 역할을 해야 하는 것 아닐까요? 하나님의 뜻이 세상에 깊이 스며들고 침투되도록 소속 사회에서 제 역할을 감당해야 하는 것 말입니다.[30] 빛은 '어둠'과, 소금은 '부패'와 대척점에 있습니다. '어둡지 않게 함', '상하지 않게 함'과 더불어 빛은 '따뜻함'을, 소금은 '맛'을 내는 역할을 합니다. 이처럼 빛과 소금은 몸담고 있는 터전에 생명력과 활기를 불어넣는 그리스도인의 모범이 되는 것입니다.

# 담대한 그리스도인의 품격

혹시 '그리스도인'이라는 이유로 비아냥이나 따돌림을 당한 적이 있습니까? 예수님을 믿는 사람이기 때문에, 공의를 행하려는 모습으로 보여져, 적의의 대상이 된 적이 있습니까? 부당한 일에 눈감고, 불의한 일을 외면하며, 힘없고 무고한 사람들이 핍박받음에 등을 돌리도록 요구당할 때, 그리스도인으로서 그것을 거부할 때 말입니다.[34]

예수님은 세상과 특히, 권력, 부, 명예를 가진 자들과 화평하지 않으셨습니다. 그들의 불의함을 눈감지 않으시고 드러내 꾸짖으셨습니다. 예수님에 대한 그들의 적의는 살의가 되었고, 그들의 강렬한 요구에 결국 빌라도는 굴복합니다. 그러나 십자가는 모두가 두렵게 받아들여 체념하고 떠나야 했던 죽음이라는 종결이 아니었습니다.

우리도 삶의 터전에서 예수님이 받으셨던 도전을 받습니다. 예수님이 우리 삶에 들어오시면, 우리는 화평하게 하는 자가 되지만 동시에 불화도 뒤따르게 됩니다. 예수님이 구유에 누우셨던 것처럼, 우리가 예수님을 따라 살 때, 웬만한 숙소에는 우리를 위한 방이 없을지도, 장래에 모종의 제약과 배척을 당할지도 모릅니다.[37] 그러나 세상과 타협하여 화평하게 지내는 것만이 '현명함으로 포장된 유연한 삶'이 아님을 결단하면서,[24] 그리스도인의 정체성을 가지고 살아가기 위해 예수님이 하신 기도를 드립니다. "내 영혼을 아버지 손에 부탁하나이다"

다시금 다니엘을 상기합니다. 당시 총리들과 고관들의 모략과 세 치 혀로 사자 굴에 던져지지만, 오히려 모함한 자들이 몰살당하고, 다리오 왕을 통해 담대한 다니엘에게 역사하신 하나님의 권능이 만천하에 선포되었습니다.

> 내가 이제 조서를 내리노라 내 나라 관할 아래에 있는 사람들은 다 다니엘의 하나님 앞에서 떨며 두려워할지니 그는 살아 계시는 하나님이시요 영원히 변하지 않으실 이시며 그의 나라는 멸망하지 아니할 것이요 그의 권세는 무궁할 것이며
> 그는 구원도 하시며 건져내기도 하시며 하늘에서든지 땅에서든지 이적과 기사를 행하시는 이로서 다니엘을 구원하여 사자의 입에서 벗어나게 하셨음이라 하였더라 다니엘 6:26-27

이처럼 놀라운 하나님의 임재 은혜 속에서, 심판의 날에 예수

님과 맞이하게 될 하나님 나라 이전에, 우리가 살아가는 생애에 마땅히 구해야 할 하나님 나라를 구하는 것입니다. 그것은 우리가 몸담은 곳에서, '하나님의 영광'을 일의 최고 목표로 삼음으로써, 소속 분야에서 더 공정하고 의로운 관계가 형성된다는 것을 의미합니다. 자신의 영광만을 위한 과도한 경쟁과 불공정함이, 오히려 '서로 섬김과 사랑'을 통해 새로운 면모로 변한다는 것이며, 이처럼 그리스도인들이 철저히 《하나님께 영광》이라는 지향점을 향해 일할 때, 우리는 하나님 나라가 임한다고 진정으로 말할 수 있을 것입니다.[26]

샘 웰스의 글은 개별적 삶의 터전에서 하나님 나라를 구하는 우리의 어깨를 가볍게 해줍니다.

이 세상에서 예수님의 제자로 살고 하나님 뜻을 구하라는 부름을 받들 때, 함께 부름받은 하나님 가족의 일원으로 성령의 힘 주심을 따라 그 부름을 함께 감당한다. 이것은 적극적인 부름이지만 버거운 부름은 아니다. 우리는 혼자가 아니고 변화의 개별적 주체도 아니다. … 나는 그리스도인들이라는 대가족의 일원이다. 내 가족의 여러 구성원은 … 다양한 방식으로 준비되어 있다. 가족의 가장이신 하나님께서 만물을 새롭게 하는 일을 적극적으로 하고 계신다.[51]

엘리야가 갈멜산에서 하나님의 권능을 입증하고 바알 선지자들을 모두 쓸어 버린 후, 이세벨이 협박하자, 두려움에 자신의 생명을 위해 도망갑니다. 호렙의 동굴에 숨어 '주의 선지자들을 죽이고 오직 저만 남았으며 제 생명을 빼앗으려 한다'라고 두려움에 떠는 그에게 하나님이 말씀하십니다. "내가 이스라엘 가운데에 칠천 명을 남기리니 다 바알에게 무릎을 꿇지 아니하고 다 바알에게 입맞추지 아니한 자니라" 열왕기상 19:18

이처럼 우리는 늘 혼자임, 무리가 적음, 열악한 여건에 불안해하며 두려워하지만, 하나님은 구하지 못하는 것 하나하나까지도 모두 감찰하시어, "불말과 불병거 horses and chariots of fire 가 산에 가득하여 엘리사를 둘러" 열왕기하 6:17 보호하셨던 것처럼, 이미 우리 앞에 예비해 두셨음을 깨닫습니다.

그리스도인으로 산다는 것은, 죄악의 깊은 어둠과 구원의 찬란한 빛 사이에 가로 놓인, 십자가라는 가냘프고 위태로우며 아슬아슬한 외나무다리를, 그것도 홀로 건너야 하는 것이 절대로 아닙니다.

예수님의 십자가 죽음과 부활은 우리가 가장 예민해 하는 고난, 죽음, 미래에 대한 두려움을 물리치도록 담대함을 줍니다.[28] 그분의 부활은 우리 삶의 모든 상황이 순조롭고 평탄할 것이라고 보장하는 것은 아니지만, 무슨 일이 닥치더라도 예수님과 동

행하며 능히 감당할 수 있다는 믿음의 소망을 주는 것입니다.[26]

하나님께서는 우리의 일터에서, 그리스도인 가족과 함께 연합하여, 생각하지도 못했던 놀라운 방법으로 합력하여 선을 이루시는 분이심을, 그 은혜 주심을 체험하며 담대히 기도하며 나아가는 것입니다. "아버지, 내 영혼을 아버지 손에 맡깁니다."

그리고 마지막 날 우리는, 화석화된 예수님이 아니라 현존하시는 예수님을 만나며 부활을 노래하는 것입니다.

'눈크 디미티스 (Nunc Dimittis)'

# 묵상

## 제 8 곡

아버지

아버지 손에 내 영혼을 부탁하나이다

Pater,

in manus tuas commendo spiritum meum

세자르 프랑크의 오라토리오

중

8악장을 들으며 묵상합니다.

## 음악적 구성

- 제8곡은 테너 독창과 합창이 어우러지는 아름다운 악장입니다.
- 첼로로 전개되는 선율과 이어지는 테너 독창은 이 작품의 백미라 할 수 있습니다.
- 특히 고음을 감당하는 테너 독창자의 역량은 이 곡의 완성도를 결정합니다.
- 작곡자 프랑크는 테너 독창을 통해, '아버지 손에 내 영혼을 부탁하나이다'는 말씀을 체념으로 인식하는 것에 반대합니다.
- 테너 독창과 어우러지는 합창을 통하여, 그는 결연히 새로운 시작임을 다시금 선포하는 것입니다.

**8**

## 중심 말씀

**누가복음 23:46**
예수께서 큰 소리로 불러 이르시되 아버지 내 영혼을 아버지 손에 부탁하나이다 하고 이 말씀을 하신 후 숨지시니라

**Parole 7**

# Pater, in manus tuas commendo spiritum meum

**< Prelude >**

**Tenor Solo**

Pater in manus tuas
commendo spiritum meum

**< Interlude >**

In manus tuas commendo,
commendo spiritum meum

**< Interlude >**

Pater meus, pater meus es tu
Deus Deus meus

**Chorus**

Susceptor salutis
susceptor salutis meae

**Tenor Solo**

Pater, in manus tuas
commendo commendo spiritum meum

**Chorus**

Spiritum meum

# 아버지, 아버지 손에 내 영혼을 부탁하나이다

**< 서주 >**

**테너 솔로**

아버지 아버지 손에
내 영혼을 부탁하나이다

**< 간주 >**

아버지 손에 부탁하나이다
내 영혼을 부탁하나이다

**< 간주 >**

나의 아버지, 아버지
나의 하나님 하나님

**합창**

구원의 방패
내 구원의 방패

**테너 솔로**

아버지 손에 부탁하나이다
내 영혼을 부탁하나이다

**합창**

내 영혼을

# 참고문헌

1. Death on a Friday Afternoon: Meditations on the Last Words of Jesus from the Cross    Neuhaus, Richard John ㅣBasic Books

2. The seven last words of Christ : a comparison of three French romantic musical settings by Gounod, Franck, and Dubois    Roste, Vaughn ㅣLSU Doctoral Dissertations ㅣ2013

3. 갈렙 위대한 2인자    프랜신 리버스 저 · 권진아 역ㅣ홍성사

4. 거짓 신들의 세상 내 삶을 좌우하는 단 하나의 희망 찾기    팀 켈러 저 · 이미정 역ㅣ베가북스

5. 고통의 문제    C. S. 루이스 저 · 이종태 역ㅣ홍성사

6. 그리스도를 본받아    토마스 아 켐피스 저 · 박문재 역ㅣCH북스(크리스천 다이제스트)

7. 기도의 자리로 영광의 그분과 거룩한 발맞춤    C. S. 루이스 저 · 윤종석 역ㅣ두란노

8. 기독교적 숙고    C. S. 루이스 저 · 양혜원 역ㅣ홍성사

9. 기억의 뇌과학 인간의 기억은 어떻게 만들어지고 사라지는가    리사 제 노바 저 · 윤승희 역ㅣ웅진지식하우스

10. 기적    C. S. 루이스 저 · 이종태 역 · 강영안 감수ㅣ홍성사

11. 나를 따르라    디트리히 본회퍼 저 · 이신건 역ㅣ신앙과지성사

12. 나와 너    마르틴 부버 저 · 김천배 역ㅣ대한기독교서회